Beltz Taschenbuch 872

Über dieses Buch:
»Dieses Buch ist aus dem Wunsch unserer Patientinnen und Patienten nach einer schriftlichen Anleitung zum Essen entstanden. Wir wenden uns aber auch an Menschen, die, ohne an einer Ess-Störung zu leiden, Probleme in ihrem täglichen Umgang mit der Nahrung haben und gewillt sind, daran etwas zu verändern.« Denn, so die Erfahrung der Autoren aus der jahrelangen Arbeit mit essgestörten Patientinnen und Patienten, die Grenzen zwischen anscheinend normalem Essverhalten und schwerwiegenden Ess-Störungen wie Magersucht und Bulimie sind fließend. Dies belegen eindrücklich die vielen Aussagen von Patientinnen, die neben theoretischen Erläuterungen zu Störungsbildern und der ausführlichen Darstellung diagnostischer Kriterien die ersten drei Kapitel des Buches umfassen. In den folgenden Kapiteln erläutern die Autoren den therapeutischen Ansatz im TCE. Umfangreiche Esspläne und Rezepte, mit denen die Patientinnen zu einem möglichst normalen Essverhalten zurückfinden können, sowie Berichte von Patientinnen über ihre Therapie ergänzen den Ratgeber und machen ihn zu einem praxisnahen und wichtigen Hilfsmittel für Betroffene und Therapeuten.

Die Autoren:
*Dr. med. Monika Gerlinghoff* und *Dr. med. Herbert Backmund* arbeiten als Ärzte und Psychotherapeuten am Therapie-Centrum für Ess-Störungen (TCE) in München. Die Autoren haben bereits mehrere Bücher zum Thema Magersucht und Bulimie veröffentlicht. Als Beltz Taschenbuch lieferbar sind auch ihr Ratgeber (zusammen mit Dr. Norbert Mai) *Magersucht und Bulimie – verstehen und bewältigen*, der als Standardwerk zu diesem Thema angesehen werden kann, sowie »Was sind Ess-Störungen? Ein kleines Handbuch zur Diagnose, Therapie und Vorbeugung« und »Magersüchtig. Eine Therapeutin und Betroffene berichten« sowie »Ess-Störungen: Fachwissen – Krankheitserleben – Ess-Programme«.

Monika Gerlinghoff · Herbert Backmund

# Essen will gelernt sein

Ein Arbeits- und Rezeptbuch

BELTZ

Besuchen Sie uns im Internet:
www.Beltz.de



Beltz Taschenbuch 872


Umschlaggestaltung: Federico Luci, Odenthal
Umschlagabbildung: © Getty Images, Deutschland
Innenabbildungen: © TCE, München
Satz: WMTP, Birkenau
Druck und Bindung: Beltz Bad Langensalza GmbH, Bad Langensalza
Printed in Germany

ISBN 978-3-407-22872-7
5 6 7 8 9    17 16 15 14 13

# Inhalt

# 1. Einführung

Seit Jahren beschäftigen wir uns am Münchener Therapie-Centrum für Ess-Störungen (TCE) ausschließlich mit der Behandlung von Patientinnen und Patienten mit Ess-Störungen. In unserem Therapiekonzept spielt das Essen natürlich eine besondere Rolle. Wir sind der Überzeugung, dass Menschen, die sich jahrelang falsch ernährt haben, sei es, weil sie zu viel oder zu wenig, zu selten oder zu oft gegessen haben, neu lernen müssen, vernünftig mit Nahrungsmitteln umzugehen. Viele Fragen haben wir zu beantworten, von Betroffenen, Eltern, sonstigen Angehörigen und Rat suchenden Kollegen.

Dieses Buch ist einerseits aus dem Wunsch unserer Patientinnen und Patienten nach einer schriftlichen Anleitung zum Essen entstanden, andererseits aus unserer Überzeugung, dass sich durch die therapeutische Bearbeitung zugrunde liegender Probleme allein eine Ess-Störung nicht in Wohlgefallen auflöst. Wir wenden uns mit unseren Aufzeichnungen aber auch an Menschen, die, ohne an einer Ess-Störung zu leiden, Probleme in ihrem täglichen Umgang mit Nahrung haben und gewillt sind, daran etwas zu ändern.

Unseren Patientinnen und Patienten möchten wir Rezepte an die Hand geben, wenn sie nach der Behandlung am TCE ihr Leben alleine organisieren und natürlich auch für ihre Ernährung sorgen müssen. Es soll außerdem denen nützlich sein, die sich einer ambulanten Therapie unterziehen, bei der der praktische Umgang mit Nahrung und Ernährung naturgemäß wenig bearbeitet werden kann. Ehemaligen Patientinnen und Patienten, die ihre Ess-Störung längst überwunden haben, kann das Buch in Krisenzeiten Halt sein, nicht wieder in zu wenig oder zu viel Essen abzurutschen.

## Das leidige Essproblem

In dem Buch über Ernährungspsychologie von V. Pudel und J. Westenhöfer (1998)[1] findet sich schon auf den ersten Seiten die Feststellung: »Die Deutschen essen zu viel, zu fett, zu süß, zu salzig und zu ballaststoffarm.« Zudem essen wir nach unserer Meinung überwiegend zu falschen Zeiten. Als Folge ist eine Gewichtszunahme zu verzeichnen. Im Gesundheitsbericht für Deutschland (1998)[2] heißt es, dass Anfang der 90er-Jahre im Westen Deutschlands 19,5% der Frauen und 17,3% der Männer als übergewichtig zu bezeichnen waren, im Osten 25,5% der Frauen und 20,6% der Männer. Im Westen Deutschlands wurde gegenüber Mitte der 80er-Jahre eine Gewichtserhöhung um fast 3% bei den Frauen und um 2% bei den Männern festgestellt. Im internationalen Vergleich, so heißt es weiter, fällt Deutschland durch einen hohen Anteil Übergewichtiger auf. Der Anteil der Untergewichtigen betrug Anfang der 90er-Jahre, wiederum mit etwas unterschiedlichen Zahlen zwischen Westen und Osten, weniger als 3%.

Es kann nun keine Rede davon sein, dass diese nationale Gewichtsbilanz die satte Zufriedenheit einer Wohlstandsgesellschaft widerspiegelt. Wir sind mit uns keineswegs zufrieden. Der Trend geht, was Gewicht und Figur betrifft, klar in die andere Richtung. Das Schlankheitsideal diktiert zumindest in den westlichen Industrienationen die Essgewohnheiten in erheblichem Maße. Gleichsam als Zielfiguren dienen die Models, und diese sind spätestens seit Twiggy schlank, um nicht zu sagen mager. Zu Werbezwecken werden in Modemagazinen und Journalen Frauen präsentiert, deren Gewicht sicherlich im untersten Normbereich liegt. So lautet denn der Auftrag an die Frauen, diesen Auserwählten mit der Traumfigur nachzueifern. Als Preis winkt nicht nur die Attraktivität des eigenen Körpers – den Models wird nämlich unterstellt, dass sie mit ihren

1 Pudel, V. und Westenhöfer, J.: Ernährungspsychologie. Eine Einführung. Göttingen, Bern, Toronto, Seattle: Hogrefe, 1998.

2 Gesundheitsbericht für Deutschland: Gesundheitsberichterstattung des Bundes/Statistisches Bundesamt. Stuttgart: Metzler-Poeschel, 1998.

idealen Körpermaßen auch den Zustand des Glückes, der vollkommenen Zufriedenheit und der absoluten Coolness erreicht haben. Lohnt es sich für die Frau dafür nicht, zu hungern?

Spätestens seit Fitness zur Tugend erhoben, zur Sinngebung des Lifestyles geworden ist, muss auch der Mann besorgt seine Bundweite betrachten. Körperliche Fitness ist zumindest im Sinne des Lifestyles mit zu viel Pfunden nicht zu vereinbaren. Neben sportlichem Training aller Art ist also eine figurbewusste Ernährung auch zur Sache des Mannes geworden.

Die Hilfen, die es dazu gibt, sind überwältigend. Ob mit dem Prädikat »light«, »fettarm«, »mager« oder »du darfst« versehen, gibt es nahezu alles, was an Speisen oder Getränken vorstellbar ist. Aufdrucke in Kalorien oder Joule erleichtern dem modernen Menschen das Leben nach der Tabelle. Leider ist der Erfolg, im Ganzen gesehen, nicht ermutigend. Pudel und Westenhöfer kommen zu der Feststellung, dass weniger als 15% der Bevölkerung in Bezug auf ihr Gewicht selbst gewählten Idealvorstellungen entsprechen. Das ist natürlich eine ungute Situation. Es ist davon auszugehen, dass nicht wenige Menschen sich immer wieder von neuem darum bemühen, dem ersehnten Ziel von Fitness- und Schönheitsideal wenigstens ein ganz kleines bisschen näher zu kommen. An diese Menschen richtet sich das immense Angebot an Diätvorschriften und Schlankheitskuren. Versprochen wird viel, aber die Erfolge sind – vor allem auf Dauer gesehen – mehr als spärlich.

## Gestörtes Essverhalten

Die Frage, warum es für viele Menschen so schwierig und letztlich frustrierend ist, ein individuell angestrebtes Gewicht zu erreichen und zu halten, ist generell nicht zu beantworten. Jedenfalls sind die Lebensumstände für eine geregelte Nahrungsaufnahme schwieriger geworden. Der früher übliche Zeitplan Frühstück-Mittagessen-Abendessen ist durcheinander geraten. Feste Mahlzeiten gibt es eigentlich nur mehr in Institutionen, etwa in Kantinen, Krankenhäusern oder Seniorenheimen. Dadurch, dass immer irgendetwas zu essen verfügbar ist, in kleinen Portionen und handlich verpackt, kann man sich, wann und wo man will, verköstigen. Auch für den »kleinen Snack zwischendurch« ist reichlich gesorgt. Allerdings geht bei dieser Art der Ernährung die Kontrolle leicht verloren. Wir haben das Gefühl, schon tagelang nicht mehr »richtig« gegessen zu haben – Chips und das Bier beim Fernsehen zählen sowieso nicht. So bekommt Essen eine emotionale Funktion: Wir gönnen uns etwas Verbotenes, weil wir sowieso immer zu kurz kommen, ob aus Freude oder aus Ärger, um etwas zu feiern oder aus einer beruflichen Verpflichtung. Danach reden wir davon, dass wir gesündigt haben, aber es wieder in den Griff bekommen. So entsteht ein ständiges Hin und Her zwischen Wollen, Müssen und Nicht-Dürfen.

Dem Wunsch nach einer Traumfigur eifern viele nach – entweder erlegen sie sich selbst diesen Druck auf oder sie geben dem äußeren Druck ihrer Mitmenschen nach. In manchen Berufen ist die Gewichtskontrolle obligatorisch. Dazu gehören professionelles Tanzen, Modeln, viele Sportarten und schließlich jeder Job, bei dem attraktives Aussehen und Fitness zu den Einstellungsbedingungen gehören, z.B. in industriellen Führungspositionen. Wenn der Druck groß genug wird und wiederholte Abmagerungskuren und Diäten nicht den gewünschten Erfolg gebracht haben, werden zusätzliche Methoden zur Gewichtsregulierung eingesetzt wie Null-Diät, Abführmittel, entwässernde Medikamente, willentliches Erbrechen nach einer Diätsünde oder auch exzessive sportliche Aktivitäten. Dies alles zusammen rechnen wir zu einem gestörten Verhalten.

Viele Menschen leben so, ohne dass sie dadurch ernsthaft Schaden nehmen. Trotzdem finden wir dieses Verhalten nicht gut. Wenigstens zwei Gründe möchten wir anführen: Der erste Grund ist, dass ein gestörtes Essverhalten allmählich in eine manifeste Ess-Störung übergehen kann – davon wird noch die Rede sein – der zweite Grund sind die Kinder.

Es ist falsch anzunehmen, dass die Auseinandersetzung mit dem eigenen Gewicht und der Figur ein Problem der Erwachsenen ist. Aus eigenen Erhebungen an knapp 800 Schülerinnen und Schülern der 5. Jahrgangsstufe an Gymnasien in München-Stadt und München-Land wissen wir, dass nicht wenige der 9 bis 13 Jahre alten Kinder (im Schnitt 10,8 Jahre) sich Sorgen um ihre Figur machen. Die Frage: Wolltest du jemals dünner sein? haben 49% der Mädchen und 36% der Jungen bejaht, im Durchschnitt 43% der befragten Kinder. Dieser Prozentsatz stimmt ziemlich genau mit vergleichbaren Untersuchungen aus den USA, aus Israel und aus Australien überein. Die Frage: Hast du jemals versucht abzunehmen?, haben in unserer Untersuchung 34% der Mädchen und 30% der Jungen bejaht, im Schnitt 33% der befragten Kinder. Auch dieser Prozentsatz entspricht exakt den Untersuchungsergebnissen aus den genannten Ländern.

Mithilfe von geeigneten Fragebögen haben wir verschiedene psychosoziale Faktoren ermittelt, die auf Einstellungen und Verhaltensweisen der Kinder, das Essen betreffend, Einfluss nehmen. Als besonders bedeutsam hat sich das Diätverhalten der Eltern, in erster Linie der Mütter, herausgestellt.

Im Klartext bedeuten diese Zahlen, dass ungefähr jedes zweite Mädchen und jeder dritte Junge etwa im Alter von 11 Jahren mit seiner Figur unzufrieden ist. Die Frage, woher das kommt, können wir nicht einfach beantworten. Sicher gibt es alle möglichen Einflussfaktoren, und natürlich gehören auch die Medien dazu. An der prägenden Rolle der Eltern, vor allem der Mütter, besteht kein Zweifel. Wir finden den Anteil von mehr oder weniger Essgestörten in dieser Altersgruppe so gravierend, dass wir ein Problembewusstsein bei den Eltern in ihrer Vorbildfunktion auch für das Essen einfordern möchten. Wenn jemand eine Abmagerungskur nach der anderen durchführt oder nach dem Essen erbricht oder sonst etwas Ungesundes für seine schlanke Linie tut, dann ist das seine Sache, solange er ohne Kinder lebt, deren Essverhalten maßgeblich in der Familie geprägt wird.

Auch die Gruppe der Gleichaltrigen (Peergroup) ist nicht ohne Einfluss auf das Figurbewusstsein jedes individuellen Kindes. Da spielt z.B. eine Rolle, was die »Coolen« in den Schulpausen essen. Das mütterliche Pausenbrot ist längst »out«, also eher von negativem Wert für das Ansehen. Was es an einem Kiosk in der Schule oder in erreichbarer Nähe gibt, ist »in«. Zumindest in Bayern bestimmt weitgehend der jeweilige Hausmeister einer Schule, was den

Kindern angeboten wird, z.B. eine Pizza oder Hot Dogs oder Pommes mit Ketchup und Cola.

## Ess-Störungen

Essgestörtes Verhalten ist, für sich genommen, keine Krankheit. Es ist nicht bekannt, wie viel auch junge Menschen so leben, ohne an einer Ess-Störung wie Magersucht oder Bulimie zu leiden, denn nicht jedes Mädchen, das seine Nahrung kontrolliert und schon ein Paar Pfunde abgenommen hat, ist magersüchtig, und nicht jeder Jugendliche, der sich gelegentlich über die Maßen voll stopft, leidet an einer Bulimie (Stierhunger). Aber für einige bedeutet ein derartiges Verhalten den Beginn einer schwerwiegenden Ess-Störung.

Im medizinischen Sinn sind Ess-Störungen seelische Krankheiten. Wir unterscheiden im Wesentlichen drei Formen:

- die Magersucht (Anorexia nervosa),
- die Ess-Brech-Sucht (Bulimia nervosa oder Bulimie),
- die Ess-Sucht (Binge-Eating-Störung).

Diese drei Formen können in unterschiedlicher Häufigkeit ineinander übergehen. Von Ess-Störungen betroffen sind in erster Linie Mädchen und junge Frauen zwischen 12 und 25 Jahren, sehr selten, etwa im Verhältnis 1:20, erkranken auch Jungen. Die Häufigkeit der Magersucht wird im internationalen Schrifttum auf 0,5–1% der Frauen in dieser Altersgruppe, die der Bulimie auf 2–5% geschätzt.

Die einzelnen Merkmale, die für die Diagnose einer bestimmten Ess-Störung Voraussetzung sind, werden in den zwei international gebräuchlichen Klassifikationssystemen beschrieben: Das Klassifikationsschema der Weltgesundheitsorganisation »International Classification of Diseases« (ICD) umfasst alle Krankheiten, die es gibt. Gebräuchlich ist jetzt die 10. Fassung (ICD-10). Das zweite Klassifikationssystem beschränkt sich auf psychische Störungen – das von der Amerikanischen Psychiatriegesellschaft erarbeitete

»Diagnostic and statistical Manual of Mental Disorders« (DSM) ist seit 1994 in der 4. Fassung (DSM-IV) zur Verfügung. In beiden Klassifikationssystemen sind die verschiedenen Ess-Störungen in vergleichbarer Weise definiert, mit einigen Unterschieden, die hier nicht näher erläutert werden sollen. Klassifikationssysteme sind naturgemäß starre Schemata, gegen die man Einwände bringen kann, sie sind aber unverzichtbar für eine Verständigung unter Fachleuten und für die Forschung.

Wir benützen am Münchner TCE das System DSM-IV. Die einzelnen Diagnosekriterien für die wichtigsten Ess-Störungen stellen wir im Folgenden in etwas vereinfachter und verkürzter Form dar:

1. Magersucht (Anorexia nervosa):

A) Niedriges Körpergewicht (weniger als 85% des zu erwartenden Gewichts)
B) Große Angst vor Gewichtszunahme
C) Körperschemastörung
   - übertriebener Einfluss des Gewichts auf die Selbstbewertung
   - Krankheitsverleugnung
D) Amenorrhö
   Subtypen: restriktiver Typ
   binge-purging-Typ

Die Diagnosekriterien für die Magersucht wurden im Laufe der letzten 20 Jahre in den verschiedenen Versionen immer wieder leicht modifiziert bzw. ergänzt. In der 4. Fassung des DSM von 1994 wurde unter anderem die Unterscheidung von zwei Typen (restriktiver Typ und binge-purging-Typ) neu eingeführt. Diese Gegenüberstellung von zwei Typen von Kranken ist bedeutsam, nicht zuletzt, weil es den Diagnostiker veranlasst, nach gewichtsreduzierenden Maßnahmen über das reine Fasten hinaus zu fahnden.

Die Gewichtsabnahme durch Hungern und Bewegung alleine ohne Erbrechen oder Gebrauch von Medikamenten zum Abführen und zur Entwässerung entspricht der ursprünglichen klassischen reinen Magersucht. Diese restriktiven Typen sind oft in der Verweigerung der Nahrungsaufnahme am radikalsten und manchmal besonders hartnäckig in der Abwehr jeglicher therapeutischer Angebote.

Die Einführung des binge-purging-Types trägt der Tatsache Rechnung, dass ungefähr 60% der restriktiv Magersüchtigen ihr reines Hungersystem nicht mehr aufrechterhalten können. Es kommt zunächst gelegentlich, dann öfters zu Heißhungeranfällen, in denen all das verschlungen wird, was die Kranken lange entbehrt haben, also zu bulimischem Verhalten. Medizinische Komplikationen sind bei den beiden Anorexie-Typen etwas unterschiedlich.

2. Bulimie (Bulimia nervosa):

A) Heißhungerattacken
B) Kompensatorische Maßnahmen zur Vermeidung einer Gewichtszunahme.
C) Frequenz der Heißhungerattacken und der kompensatorischen Maßnahmen mindestens zweimal pro Woche über drei Monate
D) Ausgeprägte Abhängigkeit des Selbstwertgefühls von Körpergewicht und Figur
E) Störung tritt nicht ausschließlich bei einer Episode von Anorexia nervosa auf

Subtypen: purging-Typ
non-purging-Typ

Als eigene Krankheit wurde die Bulimia nervosa erst Ende der 70er-Jahre beschrieben und danach auch in die Diagnoseschemata aufgenommen. Im Unterschied zur Anorexia nervosa mit bulimischen Verhaltensweisen (binge-purging-Typ) ist das Gewicht nicht in den Diagnosekriterien enthalten. Patientinnen/Patienten mit Bulimie haben oft ein normales Gewicht. In der 4. Fassung des DSM wurde auch für die Bulimie eine Spezifizierung von zwei Typen neu eingeführt, nämlich der purging-Typ, der alle als charakteristisch geltenden Verhaltensweisen aufweist, und ein anorektischer Typ (non-purging) mit Fasten und gesteigerter Bewegung zur Regulierung des Gewichtes nach den Essattacken.

Den Diagnosekriterien des DSM-IV entsprechend müssen Heißhungeranfälle »im Durchschnitt über drei Monate mindestens zweimal wöchentlich« auftreten. Diese Zeitangaben mögen recht willkürlich erscheinen – weil aber zu viel Essen und anschließendes selbst herbeigeführtes Erbrechen zur Vermeidung unerwünschter Rundungen wohl nicht selten vorkommt und man dann zwar von gestörtem Essverhalten, aber nicht von einer Ess-Störung sprechen sollte, haben diese künstlich wirkenden Zeitangaben als Konvention ihren Sinn. Die Zahl derer, die ein bulimisches Verhalten zeigen, ist sicher weitaus größer als die Zahl derjenigen, die in ärztlichen oder psychotherapeutischen Praxen zur Behandlung kommen. Dies gilt nicht zuletzt für Männer, die sich offenbar besonders schwer tun, sich wegen einer Ess-Störung behandeln zu lassen. Die Kombination mit einem Missbrauch oder einer Abhängigkeit von Substanzen (Drogen, Alkohol) ist bei der Bulimia nervosa höher als bei der Magersucht.

3. Atypische (nicht näher bezeichnete) Ess-Störungen

A) alle Kriterien für Anorexia nervosa erfüllt, außer Amenorrhö
B) alle Kriterien für Anorexia nervosa erfüllt, aber Körpergewicht liegt im Normbereich
C) alle Kriterien für Bulimia nervosa erfüllt, aber Heißhungerattacken und Kompensationsmaßnahmen seltener
D) regelmäßige Anwendung einer Gewichtszunahme gegensteuernder Maßnahmen durch eine normalgewichtige Person nach Verzehr kleiner Nahrungsmengen
E) wiederholtes Kauen und Ausspucken großer Nahrungsmengen
F) Binge-Eating-Störung: wiederholte Episoden von »Essattacken« ohne einer Gewichtszunahme gegensteuernde Maßnahmen

Wie schon erwähnt, gibt es Patientinnen/Patienten, die ohne jeden Zweifel an einer Ess-Störung leiden, die aber bei buchstabengetreuer Anwendung der Diagnosekriterien[1] nicht in eine der definierten

1 Diagnosekriterien nach: Saß, H., Wittchen, H.-U. und Zaudig, M.: Diagnostisches und Statistisches Manual Psychischer Störungen DSM-IV. Göttingen, Bern, Toronto, Seattle. Hogrefe, 1996.

Ess-Störungen einzuordnen sind. Nach unserer Erfahrung am TCE beträgt der Anteil dieser diagnostischen Kategorie (NNB) weniger als 20%.

> 4. Ess-Sucht (Binge-Eating-Disorder)
> A) Wiederholte Episoden von Heißhungerattacken
> B) Die Heißhungerattacken treten gemeinsam mit mindestens drei der folgenden Symptome auf:
> - wesentlich schneller essen als normal
> - essen bis zu einem unangenehmen Völlegefühl
> - Essen großer Nahrungsmengen ohne Hunger
> - alleine essen aus Verlegenheit über die Menge
> - Ekelgefühle, Deprimiertheit oder große Schuldgefühle bezüglich des Essens
>
> C) Es besteht deutliches Leiden bezüglich der Heißhungerattacken
> D) Die Heißhungerattacken treten an mindestens zwei Tagen in der Woche für sechs Monate auf.

Bei dieser Störung treten Heißhungeranfälle auf, ohne dass gewichtsregulierende Maßnahmen (Fasten, Erbrechen, Abführmittel, exzessive Bewegung o. Ä.) praktiziert werden. Die Folge ist eine mehr oder weniger stetige Gewichtszunahme. Ein Teil der adipösen jungen Menschen leidet an dieser Art von Ess-Störung.

## Die Körpermasse

Ebenso wie definierte Diagnosemerkmale benötigen wir natürlich auch ein international akzeptiertes Mess-System, wenn es um die Begriffsbestimmung von Übergewicht oder Untergewicht oder Normalbereiche geht.

In den letzten Jahren hat sich die Verwendung des so genannten Körper-Masse-Index (BMI/Body Mass Index) auch in Deutschland durchgesetzt. Der BMI berechnet sich nach folgender Formel: Gewicht (kg) : Körpergröße ($m^2$). Als Normbereich gilt für Frauen ein

BMI von 19 bis 24, für Männer ein BMI von 20 bis 25. Übergewicht im Sinne einer Adipositas liegt bei einem BMI von 30 und höher vor, Untergewicht bei einem BMI unterhalb von 19 bei Frauen bzw. unterhalb von 20 bei Männern. Die eingangs aus dem Gesundheitsbericht für Deutschland zitierten Prozentsätze für Übergewichtige bzw. Untergewichtige sind nach diesen BMI-Werten definiert.

Für die Diagnose einer Anorexia nervosa nach DSM-IV ist ein BMI von 17,5 oder weniger festgelegt.

Der BMI gilt für erwachsene Menschen, etwa ab dem 18. Lebensjahr. Für Kinder und Jugendliche ab dem 10. Lebensjahr gibt es BMI-Perzentilenkurven für jedes Geschlecht und verwendbar für den Altersbereich 10 bis 25 Jahre, auf denen das tatsächliche Gewicht bezüglich Über- oder Untergewicht beurteilt werden kann.

## Die Steuerung der Nahrungszufuhr

Es gibt viele Vorstellungen und Erkenntnisse über Einflüsse auf die Nahrungszufuhr, über Hunger und Sättigung, über den täglichen Energiebedarf, bezogen auf die Art der Betätigung. Wir haben fundierte, experimentell belegte Erkenntnisse über hormonelle (neuroendokrine) Mechanismen und die Rolle von Überträgerstoffen, den so genannten Neurotransmittern (z.B. Serotonin) im Gehirn für das Nahrungsverhalten. Wir wissen auch, in welcher Hirnregion wichtige Steuerungsmechanismen lokalisiert sind (im Hypothalamus), und es gibt sehr eindrucksvolle klinische Beobachtungen über das pathologische Ess- und Trinkverhalten von Menschen, bei denen diese Region z.B. durch Verletzungen beschädigt wurde. Die als Frage formulierte Feststellung, warum wir zu viel, zu fett, zu süß und zu salzig essen, ist mit diesen Erkenntnissen nicht zu beantworten. Das 1993 entdeckte Hormon Leptin hat bis jetzt wichtige Befunde auch im Zusammenhang mit Magersucht und Bulimie ergeben – die anfängliche Hoffnung auf ein einfaches Erklärungsmodell, z.B. der Gewichtsregulierung oder von Übergewicht, hat sich nicht erfüllt. In der in dem Buch von Pudel und Westenhöfer dargelegten so genannten »Set-Point-Theorie« könnte das Leptin als Messwertgeber funktionieren, wodurch die möglicherweise genetisch determinierte Körperfettmenge reguliert wird. Vielleicht ist es eines Tages möglich, durch die Bestimmung des Blutspiegels von Leptin (oder eines anderen Hormons) das »biologische Idealgewicht« eines Individuums zu bestimmen. Das wäre ein sehr großer Fortschritt in der Behandlung von Ess-Störungen, aber vorläufig sind wir nicht so weit.

Die Einflüsse auf die Regulierung unseres Essverhaltens sind also sehr komplex. Am wenigsten, so könnte man sagen, essen wir – in der modernen Industriegesellschaft – aus Hunger. Ebenso unterliegt krankhaftes Essverhalten, ob zu viel oder zu wenig, vielschichtigen Einflüssen. Das heißt, die Ursachen der Ess-Störungen entsprechen nicht einem einfachen Modell – wir sprechen von einer multifaktoriellen Genese. Hier sollen nicht die vielfältigen individuellen, familiären oder soziokulturellen Bedingungen erörtert werden, die zur Manifestation und Aufrechterhaltung von Ess-Störungen beitragen. Bei der Ursachendiskussion müssen wir die wichtigsten Ess-Störungen, nämlich Anorexia nervosa und Bulimia nervosa, getrennt betrachten. Am meisten Erkenntnisse gibt es über die Anorexia nervosa, gesammelt in den letzten 100 Jahren. Es gibt einige wissenschaftliche Arbeiten, die eine Zunahme der Anorexie in den letzten 50 Jahren nachweisen. Kritische Stimmen wenden ein, dass das verstärkte Interesse in den Medien und eine deutlich verbesserte medizinische Versorgung eine Zunahme der Häufigkeit vortäuschen. Möglicherweise hat es verschiedene Zeiten gegeben, in denen soziokulturelle Bedingungen das Auftreten von Anorexie begünstigt haben. Eine derartige Periode könnte in den 70er- und 80er-Jahren des 19. Jahrhunderts, zumindest in Paris und in London, bestanden haben. Die Anzahl der Erörterungen in medizinischen Journalen dieser Zeit lassen dies annehmen. Auch einige Gemälde aus dieser Zeit, zumindest, soweit sie dem Symbolismus zugerechnet werden, dokumentieren ein weibliches Schönheitsideal, das den heutigen Models durchaus ähnlich ist.

Trotz sich dramatisch ändernder soziokultureller Einflüsse bleibt die Anorexia nervosa eine seltene Krankheit. Wir nehmen an, dass bei der Magersucht eine genetische Disposition mitspielt. Studien zum Auftreten dieser Krankheit bei eineiigen Zwillingen und in Familien legen dies nahe. Eine genetische Disposition, wie sie auch in der oben erwähnten Set-Point-Theorie zur Körperfettmasse angesprochen ist, könnte plausibel erklären, warum in einzelnen Familien zwar unterschiedliche psychische Auffälligkeiten, etwa unter Geschwistern, vermehrt auftreten, aber nur bei einem Geschwister eine Magersucht. Eine genetische Disposition könnte auch die klinische Erfahrung gut erklären, warum Magersüchtige, die ihre Krankheit erfolgreich überwunden haben, auch noch nach Jahren während einer aktuellen Krise in die alten Verhaltensmuster der Nahrungsverweigerung zurückfallen können. Diese Tendenz zu einem situationsabhängigen Rückfall erinnert sehr an Menschen, die das Rauchen oder das Trinken überwunden haben. Die potentielle Gefährdung für einen Rückfall bleibt vermutlich lebenslang, und es ist eine bewusste Handlung, auch in einer Krise nicht wieder zu Nikotin oder Alkohol zu greifen. Auch bei diesen Süchten muss eine genetische Disposition zu derartigem unvernünftigem Verhalten unterstellt werden. Weder bei der Nikotinsucht noch beim Alkohol, aber auch nicht bei der Anorexia nervosa kann das Postulat einer genetischen Disposition, einer erhöhten Vulnerabilität als Entschuldigung dafür gelten, eine eigenverantwortliche Lebensführung gar nicht erst zu versuchen.

Es ist ein wichtiges Prinzip unseres Behandlungskonzeptes, unsere Patientinnen und Patienten zu ermutigen, die Verantwortung für ihre Krankheit und ihre Überwindung selbst zu übernehmen. Dazu ist es notwendig, sich an die Anfänge zu erinnern, dem Weg in die Krankheit nachzuspüren, sich die eigenen Verhaltensweisen vor Augen zu führen. Schriftliche Aufzeichnungen sind eine sehr gute Möglichkeit, Rückbesinnungen und Selbstanalysen Ausdruck zu verleihen.

# 2. Ess-Störungen aus der Sicht von Betroffenen

Gestörtes Essverhalten ist in den westlichen und östlichen Industrieländern ein verbreitetes Phänomen. In Entwicklungsländern, dort, wo es zu wenig Nahrung gibt, spielt es keine Rolle.

Gestörtes Essverhalten kann eines Tages in eine Ess-Störung mit Krankheitswert übergehen. Im wesentlichen sind dies Magersucht, Bulimie, Binge-Eating-Störung und nicht näher bezeichnete Ess-Störungen, unter denen sich nicht wenige Menschen mit Adipositas verbergen.

Themenzentrieres Schreiben spielt in der Behandlung am TCE eine wesentliche Rolle. Im folgenden beschreiben Patientinnen des TCE ihren Weg in die Ess-Störung, ihr Krankheitsverständnis und ihren Krankheitsgewinn. Wir lernen daraus, dass Ess-Störungen zumindest über lange Zeit einen Sinn, eine Funktion im Leben der Betroffenen erfüllen und bald weit entfernt sind von Schönheitsideal und Schlankheitswahn. Ess-Störungen werden zum Leistungsbeweis, zu Macht und Stärke, sie sind Sprache inmitten von Sprachlosigkeit, Ausdruck von Eigenständigkeit und Abgrenzung von den Eltern inmitten von Ohnmacht und Ausweglosigkeit. Sie sind Schutz und Trost in Einsamkeit und Isolation.

»Alles war so hoffnungslos und ausweglos. Der einzige Triumph, den ich hatte, war mein Hungern. Es war die Macht, die Gewalt, die Beherrschung über meinen Körper. Es machte mir richtig Spaß, mich zu quälen, meinen Körper zu spüren, das Brennen, die Leere im Inneren, den Hunger. Alle machten sich Sorgen um mich, sogar mein Stiefvater. Das genoss ich sehr. Er versuchte, mich zum Essen zu zwingen, und das war meine tiefe Genugtuung, weil niemand, aber auch niemand mich dazu zwingen konnte, etwas zu essen, was ich nicht wollte. Ich allein bestimmte über meinen Körper, ich machte alle anderen hilflos. Es war das erste Mal in meinem Leben, dass ich stark war, und das genoss ich unendlich.«

»Ich bemerkte, dass meine Eltern fast umkamen vor Sorgen um mich, und das gab mir ein gutes Gefühl. Das Verhältnis zu meinem Vater wurde erstmals etwas besser. Ich bemerkte an seiner Angst und Sorge um mich, dass er mich doch wohl ein bisschen gernhaben musste. Bis dahin hatte ich immer das Gefühl, dass nur mein Bruder allein zählte, nicht aber ich. Aber diese Sorge und diese Angst, die ich erstmals bei meinen Eltern spürte, ihr Interesse an meiner Existenz, brachten mich dazu, immer weiter und immer fanatischer zu hungern. Es war ein so unendlich gutes Gefühl, endlich wahrgenommen zu werden. Ich gönnte mir nichts. Ich ging radikal mit mir um, jeden Tag weniger Kalorien und jeden Tag mehr Kalorienverbrauch durch exzessiven Sport. Ich joggte, ich schwamm eine Bahn nach der anderen, täglich mehr. Auch wenn mir schon schwarz vor Augen war, ich kämpfte weiter. Ich wollte meinen Körper bis an die letzte Grenze bringen.«

»Ich wünschte mir so sehr, dass sich endlich jemand Sorgen um mich machte, dass jemand in meiner Familie begriff, dass es mir nicht gut ging. Mein Fressen und Kotzen war ein Hilferuf, und so habe ich das alles nicht sehr heimlich gemacht. Über lange Zeit bemerkte es dennoch niemand, dass ich mich nach jedem normalen Essen übergab. Schließlich gab ich mir überhaupt keine Mühe mehr, weil ich mir so sehr wünschte, dass mich jemand auf meine Ess-Störung ansprach. Zuerst machte meine Mutter mir Vorwürfe, mein Vater reagierte natürlich wie immer überhaupt nicht. Aber dann erklärte mir meine Mutter nach kurzer Zeit, sie wolle sich da raushalten. Einmal sagte sie sogar, du wirst schon wissen, was du tust, aber putz bitte danach das Klo richtig, und drückte mir einen Putzlappen in die Hand. Das hat mich so zutiefst gekränkt, dass ich mir schwor, ihr zu zeigen, wie schlecht es mir ging. Das war der Anfang meines Hungerns, und ich hungerte und hungerte und nahm mir vor, dünner zu werden als das dünnste Model. Manchmal träumte ich davon, irgendwann einmal auf einer Intensivstation zu landen, und wünschte mir, dass dann mein Vater begreifen würde, was seine mich so zutiefst kränkende Ignoranz an meiner Person bewirkt hatte.«

»Ich nahm im Jugendalter, so in der Zeit ab meinem 15. Lebensjahr, einige Kilos zu. Davor hatte ich immer eine knabenhafte, sehr dünne Figur. Meine Eltern machten mich bald darauf aufmerksam, denn auch für sie war eine perfekte, dünne Figur das Ein und Alles. Sie zeigten mir, dass ihnen meine fülligen Oberschenkel missfielen. Ich begann mit Diäten und Sport und nahm ziemlich schnell ab, vor allem, weil ich mir alles verbot, was dick machen konnte, sämtliche Süßigkeiten, alle fettigen Speisen. Ich genoss es, wie alle immer größere Augen bekamen und eines Tages erklärten, jetzt sei es genug, jetzt solle ich aufhören zu hungern, jetzt hätte ich meine Traumfigur erreicht. Aber ich dachte gar nicht daran. Ich wollte es allen beweisen. Ich wollte ihnen zeigen, dass ich etwas kann, was sie alle gern können würden, es aber niemals schafften. Ich konnte ohne Essen leben. Ich reduzierte die Kalorien immer weiter und trieb immer heftiger Sport. Ich fühlte mich mächtig, gleichzeitig spürte ich die wachsende Ohnmacht in der Familie. Sie versuchten, mir mehr Nahrung aufzudrängen, kontrollierten mich in bezug auf Essen und Sporttreiben, wo ich ging und stand, und trotzdem gelang es mir, sie zu täuschen. Schließlich entzog ich mich ihnen immer mehr, verbrachte die meiste Zeit, wenn ich überhaupt zu Hause war, in meinem Zimmer, nahm keine Mahlzeiten mehr mit meiner Familie ein und war stolz auf meine Hungerleistung.«

»Ich denke, ich bin in diese furchtbare Magersucht geraten, weil ich nicht erwachsen werden wollte. Ich wollte schon immer jünger sein als ich bin. Ich wollte die Kleine, Süße, Hilflose in der Familie bleiben, die man beschützen muss und zu der man nett sein muss, der man niemals wehtun darf. Das gelang mir auch über viele Jahre, bis mein jüngerer Bruder geboren wurde. Plötzlich stand er im Mittelpunkt und ich musste abtreten. Eines Tages begriff ich, dass ich meinen Körper und mein Erwachsenwerden manipulieren konnte, und zwar durch Hungern und Sporttreiben. Meine Brüste, die sich schon entwickelt hatten, entwickelten sich wieder zurück. Meine Periode blieb aus. Vor ihr hatte ich mich ohnehin nur geekelt, weil sie das greifbare Zeichen dafür war, dass ich nun kein kleines Mädchen mehr war. Ich teilte die Nahrungsmittel in erlaubte und verbotene ein. Schließlich war nichts mehr erlaubt, außer Gurken und grünen Äpfeln sowie Mineralwasser. Um meinen Hunger zu bewältigen, aß ich lange Zeit Kaugummi, aber auch das verbot ich mir eines Tages aus Sorge, ich könnte nicht rasant genug abnehmen.«

»Als ich in die Pubertät kam, hasste ich am meisten meine Brüste, die sich so langsam entwickelten. Ich hatte Angst vor einer weiblichen Figur und wollte sie unbedingt verstecken. Ich weigerte mich, einen BH zu tragen, und zog meine alten Unterhemden an, die ich so fest in die Unterhose steckte, dass ich flach wie ein Brett war. Kalorienzählen wurde zu meinem Lebensinhalt. Es machte mir wahnsinnigen Spaß und ich war stolz, dass ich so diszipliniert war und alles gut im Griff hatte. Ich dachte mir, dann würde ich so bleiben, wie ich bin, doch das war nicht so. Ich nahm immer mehr ab, nicht so, dass ich es richtig mitbekam, denn ich wog mich nur selten. Aber dann verlor ich absolut die Kontrolle über mich selber. Es war, als würde ich das gar nicht tun, sondern jemand anderes in mir zwang mich, nicht aufzuhören, jeden Tag weniger Kalorien zu mir zu nehmen und jeden Tag mehr zu trainieren. Auch als ich das längst nicht mehr wollte. Als ich sogar Angst hatte, weiter abzunehmen, zwang mich irgend etwas in mir, es dennoch zu tun.«

❖

»Schon als Kind habe ich wenig gegessen. Ich war, solange ich denken kann, sehr dünn. Schlanksein gehörte zu mir und ich wurde oft darauf angesprochen, ich glaube auch beneidet. Als ich dann in die Pubertät kam und auf einmal feststellte, dass ich 50 kg wog, brach für mich eine Welt zusammen. Ich hasste mich, war unzufrieden und aggressiv und setzte mir in den Kopf, mindestens 5 kg abzunehmen. Angefangen hat es damit, dass ich mit allen Mitteln versuchte, Mahlzeiten mit der Familie aus dem Weg zu gehen, was so im Alltagsleben ganz gut gelang, aber schlimm war es in den Ferien. Ich kaufte mir eine Kalorientabelle und erstellte Pläne, wie ich denn noch weiter abnehmen könnte. Das erste, was ich machte, wenn ich morgens aufstand, war, mich zu wiegen, und das letzte, was ich vor dem Zubettgehen tat, war auch, mich zu wiegen. Tagsüber wog ich mich bis zu zehnmal. In sportlichen Aktivitäten steigerte ich mich von Tag zu Tag. Erst wenn ich total erschöpft war, gab ich mich zufrieden. Ein weiteres Mittel von mir war, mich viel zu heiß baden und danach mit vielen Decken ins Bett zu gehen, damit ich richtig schwitzte, um abzunehmen. Auch meine Saunabesuche waren viel zu lang, vor allem, weil ich mir jegliches Trinken verbot. Als mir das Abnehmen trotzdem nicht schnell genug gelang, wie ich mir vorstellte, habe ich versucht zu erbrechen. Ein weiterer Grund, warum ich erbrechen wollte, war, dass ich dann keinen Streit mehr mit meinen Eltern bei Tisch bekam, wenn ich zu wenig, zu langsam aß und weiterhin versuchte, möglichst

Mahlzeiten mit der Familie ausfallen zu lassen. Die Harmonie in der Familie war mir stets sehr wichtig. Anfangs ekelte es mich und ich habe nur sehr wenig erbrochen, jedoch versuchte ich es immer wieder. Ich steckte mir den Finger in den Hals und würgte so lange, bis etwas kam. Mit der Zeit funktionierte es. Obwohl ich wenig aß, wollte und konnte ich nichts mehr behalten. Beim Essen trank ich viel, damit ich besser erbrechen konnte. Die Vorstellung, mit gefülltem Magen bzw. aufgeblähtem Bauch etwas zu unternehmen oder auszugehen, war für mich unvorstellbar geworden. Mein Lebensinhalt hieß Dünnsein, möglichst die Dünnste in meiner Umgebung. Zum Schluss habe ich entweder gar nichts mehr gegessen, nur getrunken oder das Gegessene sofort wieder erbrochen. Wenn ich keine Gelegenheit zum Erbrechen hatte, flippte ich total aus. Mein Tag war genau durchgeplant. Alles drehte sich um Essen oder Nichtessen, um Erbrechen- oder Nichterbrechenkönnen. Geriet mein Plan durcheinander, flippte ich völlig aus. Ich schrie und schlug auf mich ein. Manchmal hatte ich Angst vor mir selbst. Mein Essverhalten wurde immer rigider. Zum Schluss konnte ich nicht einmal mehr einen Joghurt oder einen Apfel bei mir behalten. Alles musste raus aus meinem Körper. Der Gedanke, Nahrung im Körperinneren zu haben, machte mich wahnsinnig. Wenn ich einen Schwächeanfall hatte, war das das höchste Glücksgefühl für mich. Es war eine Art Selbstbestätigung. Wenn mir der Magen knurrte und ich völlig kraftlos war, dann war ich zufrieden. Je weiter meine Klamotten wurden, desto besser habe ich mich gefühlt. Mein Körper, d.h. mein Immer-Dünner-Werden war mir das Wichtigste.«

❖

»Mit 6 Jahren begann ich mit Judo. Ich trainierte immer intensiver, schließlich auf Leistungssportbasis. Da Judo eine Gewichtsklassifikationssportart ist, ging es viel um Wiegen und Abnehmen. Da mein Vater mein Gewicht kontrollierte und sehr streng, teilweise mit Liebesentzug und Schlägen, auf meine Gewichtszunahme reagierte, log ich von Anfang an. Nie hat ein Mensch mein richtiges Gewicht erfahren. Ich habe immer mehr abnehmen müssen, als ich zugab. Anfangs nahm ich durch radikales Hungern ab. Mit 10 Jahren begann ich, »auf Wasser zu machen«, d.h. Gewicht durch wenig Trinken, Sauna, viel Kleidung beim Sport, Schwitzen in der Nacht zu reduzieren, neben radikalen Hungerkuren. War ein Turnier vorbei, habe ich gefressen, was ich nur in die Finger bekommen konnte, und danach meist mehr als davor gewogen. Ab meinem 12. Lebensjahr habe ich mich mehrmals täglich gewogen, meine Stimmung wurde ausschließlich von der Waa-

ge beherrscht. Alle Probleme, die ich hatte, schob ich auf meine Figur und sagte mir immer, wenn ich erst so dünn bin, dann bin ich glücklich, dann habe ich keine Probleme, viele Freunde und bin selbstbewusst.
Im Judo wurde ich immer besser. Ich reiste mit dem Nationalkader um die Welt. Mit 13 Jahren wurde ich zum ersten Mal deutsche Meisterin. Diesen Titel wollte ich auf jeden Fall verteidigen. Als ich 14 war, erbrach ich zum ersten Mal. Bis zur deutschen Meisterschaft beherrschte ich das Erbrechen perfekt und wusste genau, welches Gewicht ich zu erreichen hatte. Das große Ereignis, Jugendolympiade in England im Sommer 1995, stand bevor. Ich hatte jahrelang darauf hingearbeitet. Entsprechend hart wurde ich trainiert, aber ich wog statt 44 kg 52 kg. Das bedeutete, ich musste in zwei Wochen 8 kg abnehmen. Verständlicherweise konnte das nicht gutgehen. Ich schied im ersten Kampf aus. Das große Loch danach stopfte ich mit Essen. Nach zwei Wochen wog ich 54 kg. Dann entdeckte mein Vater Töpfe in meinem Zimmer, in welche ich erbrochen hatte. Ich versprach, es nie wieder zu tun, und wurde Meisterin im Schnellkotzen. Seitdem fing ich an, extra für Essanfälle einzukaufen, meine Eltern zu bestehlen, den Kühlschrank zu plündern und ich log, was das Zeug hielt. Ich kann mich an keinen Tag ohne mehrmaliges Erbrechen erinnern. Oft erbrach ich auf öffentlichen Toiletten. Auch kannte ich schnell das Lebensmittelangebot in den umliegenden Tankstellen, in die ich an Sonn- und Feiertagen radelte. Während der Woche verliefen die Tage ziemlich gleichförmig. Nach der Schule, in der ich nur noch so vor mich hindämmerte, ging ich in Billigsupermärkte und kaufte Massen ein, die ich dann, nach normalen Mahlzeiten zu Hause, heimlich in meinem Zimmer verschlang.«

❖

»Mein Leben lang wurde mir von meiner Mutter vorgehalten, dass ich viel zu fett bin. Sie selbst machte eine Diät nach der anderen, joggte täglich und später ging sie mehrmals in der Woche in ein Fitnessstudio. Wenn ich heute zurückdenke, war ich eigentlich nie zu dick, aber irgendwann nahm ich die ständigen Bemerkungen über meine nicht perfekte Figur doch ernst. Versuchte auch, Diäten zu machen, aber es gelang mir nicht richtig. Bis ich dann nach einem Krankenhausaufenthalt 8 kg abgenommen hatte und alle fanden, dass ich doch jetzt eine Superfigur hätte. Sogar meine Eltern waren von meinem Aussehen angetan und ich nahm mir vor, das Gewicht unbedingt zu halten. Entweder aß ich nur Ananas oder Sauerkraut oder tageweise gar nichts. Gelegentlich aß ich sogar verdorbene Lebensmittel, um mir den Appetit zu verderben. Ich lernte auf einmal viel mehr Menschen kennen und war viel gefragter. Es ist mir schon klar, dass das nicht das Maß aller Dinge ist, aber es tat mir gut, auch einmal im Leben im Mittelpunkt zu stehen. Mein Lebensgefühl war um 100% gestiegen. Ich lebte voll auf, konnte endlich mal enge und kurze Sachen tragen, baden gehen und alles, ohne mich wegen meines Körpers schämen zu müssen. Leider dauerte diese Phase nur fünf Monate. Dann überfiel mich eine unendliche Gier, alles zu verschlingen, was ich mir in den vergangenen fünf Monaten verboten hatte. Ich nahm in kürzester Zeit alles wieder zu und noch mehr, als ich abgenommen hatte. Während der Semesterferien bestand mein ganzer Tagesablauf nur aus Essen, Kotzen, mich Scheiße fühlen, Essen, Kotzen, depressiv und isoliert sein. Ich habe mich selbst so sehr dafür gehasst, dass ich schwach war. Vorher klappte es doch auch, nichts zu essen. Ich fiel in ein tiefes, schwarzes Loch, in dem ich das Gefühl hatte, niemals wieder heraus zu kommen. Ich nahm tatsächlich insgesamt 18 kg zu. Dafür hasste ich mich noch mehr. Ich konnte nicht mehr in den Spiegel schauen. Jetzt hatte ich Bulimie und trotzdem zugenommen. Ich lebte wie in Trance. Ohne Essen konnte ich nicht leben, ich hätte es sogar meinem Freund vorgezogen, wenn ich mich hätte entscheiden müssen. Als dann die Uni anfing, hatte ich Angst, alle würden es mir richtig gönnen, dass ich wieder fett war. Zuerst hatte ich ja nur übers Abnehmen geredet und dann dies. Ich fühlte förmlich die Schadenfreude. Leider hat keiner gesehen, wie schlecht es mir ging. Ich wäre am liebsten gestorben, konnte mich selbst aber nicht umbringen, dafür war ich zu feige. Eigentlich wollte ich auch gar nicht sterben, sondern wieder aufwachen aus diesem Horrorszenario.«

# 3. Ess-Störungen aus der Sicht von Fachleuten

Am Anfang jeder Therapie steht die Diagnosestellung. Entsprechend unserer Thematik lautet die Frage: Liegt ein gestörtes Essverhalten vor oder eine Ess-Störung nach DSM-IV: Anorexia nervosa, Bulimia nervosa, Binge-Eating-Störung oder nicht näher bezeichnete Ess-Störung?

Bereits im Einführungskapitel haben wir auf die Diagnosekriterien hingewiesen, wie sie im Internationalen Klassifikationsschema DSM-IV festgelegt sind und mit dem wir im TCE arbeiten.

Zu Beginn der Therapie am TCE führen Ärzte/Therapeuten mit jeder Patientin ein Gespräch mit dem Ziel, die Diagnose zu überprüfen, die Indikation für eine Therapie zu stellen, die Patientinnen und Patienten über die Behandlung am TCE im Einzelnen zu informieren, die Motivation für eine Therapie zu überprüfen und gegebenenfalls zu stärken.

Es folgen nun Auszüge aus Gesprächsprotokollen, die unseren Leserinnen und Lesern die Möglichkeit geben sollen, bei sich selbst festzustellen, ob »nur« ein gestörtes Essverhalten oder bereits eine Ess-Störung mit Krankheitswert vorliegt.

Wir empfehlen ein solches Vorgehen besonders den Leserinnen und Lesern, denen von Eltern oder sonstigen Angehörigen, Freundinnen und Freunden, Klassenkameraden oder Lehrern »unterstellt« wird, sie seien magersüchtig oder esssüchtig.

Lassen Sie sich nichts unterstellen – aber überprüfen Sie anhand der Beispiele nüchtern selbst, ob die Behauptungen Ihrer Umwelt nichts sind als pure Unterstellungen oder gar Missgunst und Neid oder vielleicht doch eine Realität, auf die Sie anders als mit Abwehr reagieren sollten: Wenden Sie sich an Fachleute auf dem Gebiet Ess-Störungen!

### Diagnose nach DSM-IV: Anorexia nervosa, restriktiver Typ

Aktuelle Symptomatik:

Die Patientin wiegt 41,7 kg bei einer Körpergröße von 169 cm – das entspricht einem BMI von 14,6.

- Die Patientin ernährt sich sehr restriktiv und sehr selektiv. So isst sie z.B. morgens eine Scheibe Brot mit Marmelade, dazu 11/2 l Tee, mittags eine Suppe und einen Salat und abends einen Salat und ein Stück Schokokuchen.
- Ständiges Diäten und Fasten seit 4 Jahren.
- Exzessive Bewegung: Klettern, Wandern, Radfahren zum Entspannen, aber auch, um Kalorien zu verbrennen, möglichst täglich.
- Starke gewichtsphobische Ängste.
- Verdacht auf Körperschemastörung.
- Ausgeprägte Abhängigkeit des Selbstwertgefühls von Gewicht und Figur.
- Erste Periode im Alter von 14 Jahren, Ausbleiben der Periode seit 4 Jahren.
- Kein Nikotin- oder Drogenkonsum.
- Alkohol gelegentlich.
- Keine Selbstverletzungen.
- Kein Stehlen.
- Zunehmende Konzentrationsstörungen.
- Schwankend depressive Tendenzen.
- Zunehmend soziale Rückzugstendenzen.

### Diagnose nach DSM-IV: Anorexia nervosa, binge-purging-Typ

Aktuelle Symptomatik:

Die Patientin wiegt 44 kg bei einer Körpergröße von 170 cm – das entspricht einem BMI von 15,2.

- Die Patientin berichtet über eine deutlich reduzierte und selektive Nahrungsaufnahme. Sie isst zum Frühstück etwa 4 EL eines Müslis oder Haferflocken mit etwas Buttermilch, mittags 4 bis 5 Äpfel oder eine Portion Blattsalat, abends ein Joghurt.
- Essanfälle treten seit einigen Monaten täglich, selten zweimal täglich auf. Die Patientin berichtet über auftretenden Hunger auf Süßes. Im Verlauf eines Essanfalls, der mit Kontrollverlust einhergeht und bis zu 2 Stunden dauert, isst sie z.B. 7 Feigen, einen Müsliriegel, 2 Orangen, 4 Joghurts, einen Kuchen und so viele Plätzchen, wie sie finden kann. Alternativ dazu stellt sie aus Mehl, Butter, Zucker und Eiern eine große Menge Teig her, die sie verschlingt. Im weiteren Verlauf des Essanfalls isst sie 4 bis 5 Scheiben Brot mit Käse und etwa eine halbe Packung Salzstangen.
- Im Anschluss an einen Essanfall erbricht die Patientin selbst induziert.
- Ständiges Diäten und Fasten seit 6 Jahren.
- Exzessive Bewegung: regelmäßig Sport, einmal täglich 1 Stunde Joggen.
- Ausgeprägte gewichtsphobische Ängste.
- Körperschemastörung.
- Ausgeprägte Abhängigkeit des Selbstwertgefühls von Gewicht und Figur.
- Erste Periode im Alter von 15 Jahren, bald danach Ausbleiben der Periode.
- Konzentrationsstörungen.

### Diagnose nach DSM-IV: Bulimia nervosa, purging-Typ

Aktuelle Symptomatik:

Die Patientin wiegt 59,2 kg bei einer Körpergröße von169 cm – das entspricht einem BMI von 20,72.

- Die Patientin ernährt sich wie folgt: Tagsüber isst sie nichts, trinkt lediglich 1/2 l Mineralwasser. Am Abend hat sie dann einen Essanfall, bestehend aus 6 Tafeln Schokolade, einer Pizza, einem Baguette mit Käse, 2 Schachteln Kekse, dazu trinkt sie 11/2 l

Mineralwasser. Sowohl während als auch nach dem Essanfall erbricht die Patientin selbst induziert, bis zu sechsmal täglich.
- Einen Tag in der Woche isst die Patientin mittags und abends jeweils eine kleine Portion Gemüse und einen Salat und trinkt dazu eine Flasche Mineralwasser. An diesen Tagen hat sie keinen Essanfall und erbricht nicht selbst induziert.

Kompensationsmechanismen zur Vermeidung einer Gewichtszunahme:
- Selbst induziertes Erbrechen
- Missbrauch von Abführmitteln.
- Gewichtsphobische Ängste.
- Verdacht auf Körperschemastörung.
- Ausgeprägte Abhängigkeit des Selbstwertgefühls von Gewicht und Figur.
- Erste Periode im Alter von 12 Jahren, seit 21/2 Jahren Ausbleiben der Periode.
- Stehlen: Die Patientin berichtet, häufig Lebensmittel im Supermarkt zu stehen. Einmal wurde sie dabei erwischt und musste eine Geldstrafe zahlen.
- Schwankend depressive Tendenzen.
- Soziale Rückzugstendenzen seit 2 Jahren.

### Diagnose nach DSM-IV: Bulimia nervosa, non-purging-Typ

Aktuelle Symptomatik:

Die Patientin wiegt 51,5 kg bei einer Körpergröße von 162 cm – das entspricht einem BMI von 19,6.
- Die Patientin ernährt sich wie folgt: Bis zum Nachmittag esse sie nichts, trinke lediglich 3 bis 4 Tassen Tee oder Kaffee. Allabendlich Heißhungerattacken und Essanfälle, durchschnittlich zwei bis dreimal täglich mit mehrmaligem selbstinduziertem Erbrechen.
- Während der Essanfälle isst die Patientin überwiegend fettreiche, kalorienreiche Nahrung im Stehen mit starkem Kontrollverlust. So isst sie z.B. einen halben Laib Brot, 500 gr Wurst, 500 gr Käse, eine Packung Butter, ein Schälchen Marmelade, ein Schälchen

Nutella sowie ein Schälchen Honig – im Anschluss daran ca. 11/2 Tafeln Schokolade, 1 Packung Kekse und mehrere Bonbons. Dazu trinkt sie 2 bis 3 l Flüssigkeit, meist Diätlimonade.
- Ständiges Diäten und Fasten.
- Exzessive Bewegung: Um vermehrt Kalorien zu verbrennen, übt die Patientin folgende Sportarten aus: Joggen, Gymnastik, Schwimmen und Radfahren.
- Keine sonstigen Kompensationsmechanismen.
- Stark ausgeprägte gewichtsphobische Ängste.
- Verdacht auf Körperschemastörung.
- Ausgeprägte Abhängigkeit des Selbstwertgefühls von Gewicht und Figur.
- Erste Periode im Alter von 11 Jahren, Ausbleiben der Periode vom 12. bis 14. Lebensjahr.
- Alkohol: gelegentlich.
- Zunehmende Konzentrationsstörungen.
- Schwankend depressive Tendenzen.
- Soziale Rückzugstendenzen.

### Diagnose nach DSM-IV: Binge-Eating-Störung (Unterform einer Essstörung NNB)

Aktuelle Symptomatik:

Die Patientin wiegt 101,6 kg bei einer Körpergröße von 175 cm – das entspricht einem BMI von 33,17.
- Die Patientin ernährt sich wie folgt: Morgens isst sie 2 belegte Brote, mittags in der Mensa eine portionierte Mahlzeit und am Abend eine Pizza, mehrere Süßigkeiten und 4 bis 5 Scheiben Toastbrot.
- Fünfmal in der Woche hat die Patientin einen Essanfall, in dessen Verlauf sie z.B. einen Kuchen, eine Tüte Chips, 2 Tafeln Schokolade, verschiedene Säfte, eine Pizza und bis zu 10 Toastbrote zu sich nimmt.
- Kompensatorische Maßnahmen setzt die Patientin nicht ein.
- Erste Periode im Alter von 12 Jahren.
- Selbstverletzungen: Haare ausreißen, an der Haut der Arme und

Beine zupfen und reißen, Haut aufkratzen, mit der Nagelschere an der Haut schnippeln, sich nicht warm anziehen. Frequenz der Selbstverletzungen: täglich, aus Verzweiflung über ihr Essverhalten.
- Depressive Tendenzen.
- Soziale Rückzugstendenzen wegen der Heißhungerattacken.

## Medizinische Komplikationen

Keine Patientin und kein Patient mit einer Ess-Störung ist sich zumindest über lange Zeit darüber bewusst, dass durch die Krankheit körperliche Störungen und Schäden auftreten können. Der Gedanke an Lebensgefahr oder sogar Tod erscheint ihnen absurd, nicht zuletzt, weil sie davon überzeugt sind, ihr gestörtes Essverhalten jederzeit aufgeben zu können. Dabei sind die Bedingungen, aus denen sich die meisten medizinischen Komplikationen von Ess-Störungen ableiten, auch für einen medizinischen Laien durchaus einleuchtend und nachvollziehbar. Wir möchten hier nur einige der wichtigsten Komplikationen und Begleiterscheinungen erläutern.

Bei der Anorexia nervosa, vor allem vom restriktiven Typ, spielen Unterernährung und Mangelernährung die wichtigste Rolle. Eine stark reduzierte Energiezufuhr führt nicht nur zum Abbau der Reserven, nämlich des Fettgewebes, es kommt auch zu einer hormonellen Umstellung auf Sparkurs durch Einschränkung der Schilddrüsenfunktion, z.B. mit Verlangsamung des Herzschlages. Das wenige, was Magersüchtige zu sich nehmen, enthält kaum die lebensnotwendige Menge an Salzen und Spurenelementen, sodass schwerwiegende Mangelerscheinungen auftreten können. Manche Magersüchtige schränken auch das Trinken stark ein mit der Gefahr entsprechender Komplikationen.

Bei Magersüchtigen vom Binge-purging-Typ und bei Bulimia nervosa kann ebenfalls der Verlust an Flüssigkeit durch häufiges Erbrechen erhebliche Ausmaße annehmen. Schwerwiegender können

Schäden sein, die durch den Säuregehalt des Magensaftes an Speiseröhre oder an den Zähnen auftreten. Häufiges Erbrechen bewirkt außerdem eine Reizung der Bauchspeicheldrüse (mit der Gefahr einer Pankreatitis) und der Ohrspeicheldrüsen.

Bedacht werden muss nicht nur die Flüssigkeitsmenge, die dem Organismus entzogen wird, sondern auch der Verlust an darin enthaltenen lebensnotwendigen Salzen, den so genannten Elektrolyten. Eine besonders wichtige Rolle, z.B. für die Herz- und Nierenfunktion, spielt das Kalium. Zu einem Verlust an Elektrolyten kommt es aber nicht nur bei willentlichem Erbrechen, sondern auch durch entwässernde Medikamente und Abführmittel, die von vielen Betroffenen zur Gewichtsregulierung in manchmal unvorstellbaren Mengen eingenommen werden.

Bei stark übergewichtigen Patientinnen und Patienten liegen die wesentlichen Gefahren in der Entwicklung eines Bluthochdruckes mit allen Folgen für das Herz-Kreislauf-System. Auch mit Stoffwechselstörungen wie Diabetes mellitus muss gerechnet werden.

In letzter Zeit ist die Gefahr einer Osteoporose im Gefolge von Ess-Störungen vermehrt beachtet worden. Das trifft nicht nur für die Magersucht zu, sondern auch für Bulimie und natürlich für stark übergewichtige Patientinnen und Patienten.

In der folgenden Liste sind die wichtigsten medizinischen Begleiterscheinungen und Komplikationen von Ess-Störungen aufgeführt:

| | |
|---|---|
| *Mund- und Gesichtsbereich:* | z.B. Drüsenschwellungen, besonders Ohrspeicheldrüse, Zahnkaries |
| *Herz-Kreislauf-Störungen:* | z.B. verlangsamter Herzschlag, niedriger Blutdruck, Herzrhythmusstörungen |
| *Magen-Darm-Bereich:* | z.B. Speiseröhrenentzündung, Magenerweiterung und Entleerungsstörungen, Reizung der Bauchspeicheldrüse |
| *Stoffwechselstörungen:* | z.B. Verminderung der Mineralsalze (Elektrolyte), Verminderung des Blutzuckers |

| | |
|---|---|
| *Hormon-störungen:* | z.B. Amenorrhö, Schilddrüsenunterfunktion, Osteoporose, verzögerte Pubertät und Wachstumshemmung |
| *Hautveränderungen:* | z.B. trockene Haut, Haarausfall, gelbliche Hautfarbe |
| *Nervensystem:* | z.B. Konzentrationsstörungen, Verlangsamung, Depressionen, Erweiterung der Hirnwindungsfurchen und Hirnkammern, Nervenlähmungen |
| *Niere:* | z.B. Nierenschädigung durch Kaliummangel |

Die Liste zeigt, wie viele Organe und Funktionssysteme des Organismus durch Ess-Störungen geschädigt werden können. Leider bilden sich nicht alle Störungen nach Gewichtsnormalisierung vollständig zurück. Wir meinen, dass essgestörte Patientinnen und Patienten über die Möglichkeit von medizinischen Komplikationen Bescheid wissen sollten. Unsere Patientinnen am TCE klären wir detailliert über die erhobenen Befunde und mögliche Gefahren auf.

# 4. Therapie am TCE

Die Aufzeichnungen von Betroffenen im Kapitel 2 vermitteln uns einen anschaulichen Eindruck darüber, was es heißt, an Magersucht, Bulimie oder Ess-Sucht zu leiden, von welchen Gedanken und Verhaltensweisen Erkrankte beherrscht werden. Vielleicht war Ihnen beim Lesen der eine oder andere Gedanke vertraut, und vielleicht haben Sie sich sogar bei der weiteren Lektüre Notizen darüber gemacht, ob die eine oder andere Einstellung oder Verhaltensweise auch auf Sie zutrifft. Wir möchten Sie in diesem Buch immer wieder dazu anregen, sich selbst ein Urteil zu bilden, ob Sie ein gestörtes Essverhalten haben, das Sie vielleicht ändern wollen, oder ob Sie an einer Ess-Störung leiden könnten.

Bei Fragen und Unsicherheiten sollten Sie sich an Fachleute wenden, unbedingt aber dann, wenn Sie bei sich selbst ernsthaft eine Ess-Störung in Betracht ziehen. Starten Sie keine therapeutischen Selbstversuche, auch nicht mithilfe dieses Buches, und geben Sie die Hoffnung auf, die Ess-Störung könnte sich irgendwann von selbst wieder in Wohlgefallen auflösen.

Ebenso sollten Eltern oder Partner Essgestörter nicht meinen, Ratschläge in Bezug auf die Nahrungszufuhr seien ausreichend, um die Krankheit in den eigenen vier Wänden in den Griff zu bekommen. Das gestörte Essverhalten ist nur das äußere, sichtbare Zeichen einer ernsthaften psychosomatischen Erkrankung, der eine Vielzahl psychischer Probleme zugrunde liegt und bei der eine Psychotherapie unerlässlich ist.

## Behandlungsmöglichkeiten allgemein

Psychotherapeutische Verfahren spielen die wichtigste Rolle bei der Behandlung von Ess-Störungen. Medikamente, in erster Linie Psychopharmaka, haben sich nicht bewährt und werden allenfalls ergänzend zu einer Psychotherapie bei besonderen psychopathologischen Symptomen eingesetzt.

Es gibt viele psychotherapeutische Verfahren, die bei Ess-Störungen zur Anwendung kommen, ambulant, teilstationär oder stationär, von der psychoanalytischen Einzelbehandlung bis hin zur kognitiv-verhaltenstherapeutischen Gruppenbehandlung. Wer sich also zu einer Psychotherapie seiner Ess-Störung entschlossen hat, sollte sich über die therapeutischen Angebote in seiner Umgebung oder seinen Vorgaben entsprechend kundig machen.

## Das Therapiekonzept am TCE

Die Behandlung am TCE besteht aus einer kognitiv-verhaltenstherapeutisch orientierten Gruppentherapie mit einem inhaltlich und zeitlich strukturierten Programm, das sich aus verschiedenen Bausteinen zusammensetzt wie z.B. Verhaltenstherapie, Psychoedukation, Kunsttherapie und Körpertherapie. Wesentlicher Bestandteil der Therapie ist ein intensives Ernährungsprogramm mit täglichem Esstraining. Es handelt sich um eine rein teilstationäre Therapie mit im Verlauf allmählich reduzierter Behandlungsintensität. Die Dauer der Behandlung richtet sich nach dem Schweregrad der Störung und der Art der Vorbehandlung.

Die Therapie gliedert sich in zwei Phasen: Während der ersten Phase, der so genannten Intensivphase, nehmen die Patientinnen zunächst täglich an den genannten Therapiebausteinen teil, ab der 5. Woche nur noch an sechs Tagen wöchentlich. Während der zweiten Phase, der so genannten Stabilisierungsphase, kehren die Patientinnen allmählich in ihren gewohnten Arbeitsalltag (Schule, Ausbil-

dung, Studium, Beruf) zurück und nehmen nur noch an ausgewählten Veranstaltungen der teilstationären Therapie teil. Die Teilnahme am Essprogramm bleibt jedoch obligat.
In der Regel wohnen die Patientinnen während der gesamten Therapie in dem TCE angegliederten therapeutischen Wohngemeinschaften. Sie lernen dort, sich zuzuhören, eigene Erlebnisse und Empfindungen offen zu legen, sich gegenseitig zu stützen, zu kritisieren, Ärger und Wut auszudrücken, aber vor allem sich gegenseitig zu tolerieren und zu achten. Nach unserer langjährigen Erfahrung überwiegt die gegenseitige Hilfe in der Gruppe bei weitem, was gelegentliche aggressive Auseinandersetzungen und Rivalitäten nicht ausschließt. Außerdem wirkt die Gruppe annähernd Gleichaltriger im Sinn eines Gegengewichtes zu den häufig sehr engen und verstrickten Beziehungen innerhalb der Familie. Wir sind davon überzeugt, dass eine psychotherapeutische Gruppenarbeit einen vielfältigeren Lernprozess ermöglicht als eine Einzeltherapie.

## Verhaltenstherapeutische Arbeitsmodelle

Unsere therapeutische Aufgabe sehen wir darin, den Betroffenen deutlich zu machen, dass sie es sind, die sich essgestört verhalten (hungern, Nahrung verschlingen, erbrechen), und dass sie es sind, die dieses Verhalten aufgeben müssen, wollen sie die Krankheit überwinden. Nicht wir Ärzte/Therapeuten können heilen, sondern die Betroffenen selbst müssen Fehlverhalten verlernen und »gesundes« Verhalten neu lernen. Allerdings ist es Aufgabe der Therapeuten, zu motivieren und Mut zu machen und nach konstruktiven Alternativen zu den selbstzerstörerischen Ess-Störungen zu suchen. Sie müssen begreiflich und transparent machen, wie und warum es zu dem Fehlverhalten gekommen ist und welche Möglichkeiten und Wege es gibt, Verhalten, Denken und Wahrnehmen zu verändern. Als Basis für eine konstruktive Zusammenarbeit zwischen Therapeuten und Patientinnen halten wir es für unumgänglich zu signalisieren, wie schwer es sein muss, eine Krankheit aufzugeben, die über lange Zeit Lebenssinn und -inhalt war.

Voraussetzung für ein eigenverantwortliches Handeln der Patientinnen und Patienten ist ein umfangreiches Wissen um die eigenen Probleme und Krankheitssymptome sowie deren aufrechterhaltende Bedingungen. In den neuen Konzepten verhaltenstherapeutischer Gruppenarbeit nehmen daher Informationsvermittlung und so genannte psychoedukative Ansätze einen zentralen Raum ein. Für Fiedler (1996)[1] ist die Weitergabe vorhandenen Wissens über Entstehung, Verlauf und Behandlung psychischer Störungen an diejenigen, die es betrifft, der wesentlichste Aspekt, der »die moderne Verhaltenstherapie von den übrigen Psychotherapieverfahren grundlegend unterscheidet«.

Essgestörte Patientinnen sind in aller Regel gefährlich lange nicht motiviert, ihr Fehlverhalten aufzugeben, auch dann nicht, wenn die positiven Aspekte der Krankheit wie Bewunderung, Macht und Stärke längst weit in den Hintergrund getreten sind und die negativen Konsequenzen der Krankheit (Einsamkeit, Isolation, Depression, körperliche Beschwerden) das Leben beherrschen. Die Aufgabe der Symptome ist für viele Betroffene verbunden mit extremer Angst, das Einzige, was sie zu besitzen glaubten und über das sie Kontrolle ausüben konnten, hergeben zu müssen. »Mein Körper, der hat mir gehört und mit dem konnte ich machen, was ich wollte, und wenn ich mich zu Tode gehungert hätte, da konnten mir meine Eltern nicht dreinreden.«

Absolute Transparenz im therapeutischen Vorgehen fördert nach unserer Überzeugung und Erfahrung das Vertrauen essgestörter Menschen für ein therapeutisches Arbeitsbündnis und die Motivation, krankheitsspezifisches Denken, Glauben und Verhalten zu verändern.

---

1 Fiedler, P.: Verhaltenstherapie in und mit Gruppen. Weinheim: Beltz Psychologie Verlags-Union, 1996.

## Ernährungsprogramm

Basis unserer Therapie ist das Ernährungsprogramm. Es hat zum Ziel, dass unsere Patientinnen gestörtes Essverhalten verlernen und ein normales Essverhalten neu lernen. Nach unserem Krankheitsverständnis ist der Entschluss, die Ess-Störung aufzugeben, der erste Schritt für eine Veränderung und Voraussetzung für eine Krankheitsbewältigung. Unsere Patientinnen berichten übereinstimmend, dass ein Leben mit einer Ess-Störung die Fähigkeit zu einer differenzierten Selbstwahrnehmung auf physiologischer, affektiver und kognitiver Ebene herabsetzt. Viele Betroffene werten es als eine entscheidende Funktion ihrer Ess-Störung, schmerzliche oder andere intensive Gefühle, Wahrnehmungen und Erlebnisse nicht mehr hautnah spüren zu müssen. Erst die bewusste, willensgesteuerte Aufgabe der Ess-Störung im geschützten Rahmen der Therapie ermöglicht ein Wieder-Wahrnehmen oder sogar ein erstmaliges Wahrnehmen konflikthafter Gefühle, Gedanken und Erinnerungen. Unterschiedliche therapeutische Aktivitäten helfen, das Aufgeben der Ess-Störung erträglich zu machen, neue spezifische Problemlösungsstrategien und Kompetenzen zu erarbeiten und aufzubauen. Daraus folgt, dass die Aufgabe der Ess-Störung zwar eine wichtige Voraussetzung, aber nicht die Bewältigung der Krankheit bedeutet.

## Symptomanalyse

Zu Beginn der Therapie in der tagklinischen Phase fordern wir unsere Patientinnen in einer Gruppensitzung auf, alles zu benennen, was sie als Symptome ihrer Krankheit, d. h. Anorexia nervosa, Bulimie oder Binge-Eating-Störung, bezeichnen würden. Danach erstellt jede Patientin anhand der Gruppensymptomsammlung so genau wie möglich ihre individuelle Symptomliste. Die meisten Patientinnen sind erleichtert, nach dem oft jahrelangen Verheimlichen und

Verleugnen endlich ihr gestörtes Verhalten offen machen zu können, ohne als »pervers« abgestempelt zu werden. Es entlastet zu erkennen, wie viele Gemeinsamkeiten im Verhalten, Denken und Fühlen essgestörte Frauen verbinden.

Im Folgenden sind, nach Diagnosen geordnet, Symptomlisten aufgeführt, die Ihnen helfen können, Ihre persönliche Symptomliste zu erstellen, wenn Sie dies möchten.

**Symptomatisches Verhalten bei Anorexia nervosa, restriktiver Typ:**

**Beispiele für Energiezufuhr:**
- Hungern
- Lightprodukte
- Babynahrung
- nur kalorienfreie Getränke
- zuckerfreie Bonbons lutschen
- Süßstoff lutschen
- nur ganz genau bestimmte Essensmengen am Tag zu sich nehmen (z.B. 1 Apfel und 1 Knäckebrot)
- Essen verbieten trotz Hunger
- Mahlzeiten weglassen
- nur kalorienarme Lebensmittel essen

**Beispiele für Energieverbrauch:**
- exzessiv Sport treiben (täglich joggen und radfahren)
- Stress statt Essen
- im Stehen essen, lesen, stricken etc.
- Bewegungsdrang nach dem Essen (Gymnastik, lange Spaziergänge)
- absichtlich frieren
- ständig Muskeln anspannen
- Liegestützen machen
- nur noch Treppen steigen – Aufzüge und Rolltreppen meiden
- täglich ins Fitness-Studio
- Schlafentzug
- schwere Taschen mit sich tragen
- nur kalt duschen/baden

**Beispiele für auffällige Essverhaltensweisen:**

- kauen und ausspucken statt schlucken
- heimlich essen
- nicht vor anderen essen
- Essen vortäuschen
- Essen verschwinden lassen
- nicht nach 18 Uhr essen
- schnell essen oder
- extrem langsam essen
- immer etwas übrig lassen
- Kinderportionen essen
- einseitig essen
- Nahrungsmittel sehr klein schneiden
- an der Nahrung riechen
- Essen verzögern
- Getränke löffeln
- nachts essen
- Hunger »wegtrinken«
- nach bestimmten Essensregeln leben
- bis mittags nichts essen
- die einzige Mahlzeit am Tag zelebrieren
- nur von Puppengeschirr essen
- nur ganz wenige Lebensmittel essen
- nur aus bestimmten Gefäßen essen
- Mahlzeiten exakt vorplanen
- nur ganz scharf gewürzte Speisen essen
- ganz heiße/kalte Lebensmittel essen
- Essen vor der Mahlzeit abzählen, wie viel gegessen werden darf

**Beispiele für weitere anorektische Verhaltensweisen:**

- Kalorien zählen
- mehrmals täglich wiegen
- Kaugummi kauen
- Kochbücher lesen
- kein Fett verwenden
- Lebensmittel oder Kleidung »für später mal« kaufen
- Lebensmittel horten
- schlafen statt essen
- sich mit anderen vergleichen
- andere mästen wollen

- sich vor Essen ekeln
- Essensgeschmack nicht ertragen können
- Unternehmungen absagen, um Essen vermeiden zu können
- sich im Mund verletzen, um nicht essen zu können
- immer an Essen denken
- sich abmessen
- Nährwerte /-tabellen lesen
- Nahrungsmittel abwiegen
- Beckenknochen abtasten
- extrem weite Kleidung tragen
- Kaffee als »Sättigungsmittel«
- Hunger »wegtrinken«
- Maßhose in bestimmter Größe
- ständig neue Diäten ausprobieren
- Models als Vorbilder wählen
- lügen
- andere beim Essen kontrollieren
- Schuldgefühle, wenn es schmeckt
- Rezepte für »später« sammeln
- weibliche Formen verstecken
- Körperpflege vernachlässigen
- sich oft im Spiegel kontrollieren (flacher Bauch)
- sich keine Entspannung gönnen

### Symptomatisches Verhalten bei Anorexia nervosa, binge-purging-Typ:

**Beispiele für Energiezufuhr:**
- Lightprodukte
- Magerprodukte
- zuckerfreie Bonbons lutschen
- Fressanfälle bei fettigen, süßen, sonst verbotenen Lebensmitteln
- Fressanfälle bei Gebäck und Süßigkeiten
- Hungern
- Reformhaus- oder Naturkostladenprodukte

**Beispiele für Energieverbrauch:**
- regelmäßig Sport treiben, vor allem Joggen und Gymnastik
- grundsätzlich Bauch- und Beinmuskeln anspannen

- täglich radfahren
- spazieren»rennen«
- täglich ins Fitness-Studio
- wenig schlafen
- immer in Bewegung sein
- Abführmittel
- Entwässerungsmittel
- Erbrechen

**Beispiele für weitere anorektische Verhaltensweisen:**
- alles kleinschneiden
- Nahrungsaufnahme zelebrieren
- nur alleine essen
- sehr eingeschränkte Lebensmittelauswahl
- immer alles aufessen müssen
- heimlich essen
- einseitig essen
- ritualisiertes Essverhalten
- verdorbene Lebensmittel essen
- alles durcheinander essen
- langsam essen
- nur von kleinem Geschirr essen
- warme Mahlzeiten meiden
- Angst haben, die Nahrung unbeobachtet zu lassen
- immer rumnaschen
- meistens das Gleiche essen
- nicht vor anderen essen
- mit dem Essen auf dem Teller spielen
- Essen vortäuschen
- ständig Diät machen
- sich überessen
- fressen
- naschen
- schlingen
- gierig essen
- nach dem Erbrechen erneut fressen
- Essen in sich reinstopfen: so viel, so schnell, so durcheinander wie möglich.
- aus der Packung essen
- bei Fressanfällen immer die gleichen Lebensmittel essen

- Essen bis zur Schmerzgrenze
- spontane, unkontrollierte Fressanfälle mit Erbrechen
- ständig Kaugummi kauen
- Kalorien zählen
- Diäten
- sich ständig mit Essen beschäftigen
- Tagträume
- Stimmung von der Waage abhängig machen
- sich immer zu dick fühlen
- Gefühl haben, dass alles egal ist
- viel über Ernährung lesen
- vortäuschen, schon gegessen zu haben
- Erbrechen vertuschen (laute Musik, Wasser laufen lassen)
- vor Essanfällen schon beim Einkaufen essen
- in einer bestimmten Reihenfolge essen
- während des Essanfalls viel trinken
- Essen für den ganzen Tag vorplanen
- Panik bei unvorhersehbaren Änderungen
- massenhafter Verzehr von Vitamintabletten
- Figurkontrolle
- Essen für den nächsten Fressanfall »bunkern«
- Stehlen für Essanfälle
- Erbrechen herbeiführen
- Isolation
- keine Freizeitinteressen mehr
- Masseneinkäufe
- sich beim Einkaufen lange nicht entscheiden können
- mehrere Läden aufsuchen, um die besten Lebensmittel zu bekommen
- Fressen und Hungern bestimmen das Denken
- Einteilung in erlaubte und verbotene Lebensmittel
- andere beim Essen beobachten und analysieren
- Alles-oder-Nichts-Denken
- das ganze Geld für Essen ausgeben (für Fressanfälle oder sehr teuere Reformhausprodukte)
- bestimmte Gürtellöcher abzählen
- Beckenknochen abtasten
- Oberschenkel mit Maßband messen
- Spiegelkontrolle
- Körper nicht eincremen

- sich keine Kleidung gönnen
- möglichst kein Geld ausgeben

## Symptomatisches Verhalten bei Bulimia nervosa, purging-Typ:

**Beispiele für Energiezufuhr:**
- Lightprodukte
- Magerprodukte
- Reformhauskost (bei Nahrung, die nicht erbrochen wird)
- billige Lebensmittel (bei Fressanfällen)
- Fressanfälle
- fettfreie Lebensmittel und Zubereitungsarten

**Beispiele für Energieverbrauch:**
- Erbrechen
- im Gehen oder Stehen essen
- viel Sport treiben
- täglich joggen
- Abführmittel
- Entwässerungsmittel

**Beispiele für weitere bulimische Verhaltensweisen:**
- genaue Essensplanung
- einseitige Ernährung
- Essen kauen und wieder ausspucken
- ritualisiertes Essen bzw. Fressen
- Kaugummi kauen, Bonbons lutschen
- ab mittags nichts mehr essen
- nie alles aufessen
- im Essen rumstochern
- nicht vor anderen essen
- keine geregelten Mahlzeiten
- schon beim Vorbereiten essen
- Mahlzeiten zu scharf würzen
- möglichst zuckerfreies Essen
- nach eigenen Essensregeln essen
- nur zu bestimmten Zeiten essen
- kleine Löffel verwenden

- vor anderen möglichst unauffällig essen
- immer halbe Stücke bzw. kleine Portionen essen
- gierig essen, heimlich schlingen
- bei Fressanfällen: kaum kauen, ohne Besteck essen, aus der Dose/Packung essen
- sonst: ganz langsam essen, alles klein schneiden
- immer alles aufessen müssen
- überessen, bis der Bauch weh tut
- trotz Schmerzen weiter essen
- sich nebenbei »schnell was reinschieben«
- fressen ➔ erbrechen
- Kalorien zählen
- sich wiegen
- Nährwerttabellen lesen
- Lebensmittel horten oder wegwerfen
- Großeinkäufe
- Schuldgefühle nach dem Essen
- ständig an Essen denken
- Rezepte lesen
- Tagesplan nach dem Essen ausrichten
- andere mästen wollen
- Frauen- und Modemagazine studieren
- viel Kaffee trinken
- Figur kontrollieren
- lügen
- Appetitzügler nehmen
- Isolation
- Bewegung vermeiden
- zwanghafte Körperpflege
- Fixierung auf ein bestimmtes Gewicht
- »Morgen wird alles anders«
- ständig den Bauch einziehen
- häufiges Zähneputzen
- sich zu dick finden
- sein »Idealgewicht« immer niedriger ansetzen
- kein Gefühl für Mengen und Portionen
- Ausprobieren von neuen Diäten
- beim Buffet alles haben müssen

## Symptomatisches Verhalten bei Bulimia nervosa, non-purging-Typ:

**Beispiele für Energiezufuhr:**
- Lightprodukte
- Magerprodukte
- Fastentage
- Obst-/Reis-/Trinktage
- Reformhauskost (phasenweise)
- Überessen
- Fressanfälle

**Beispiele für Energieverbrauch:**
- Abführmittel
- Entwässerungsmittel
- extrem viel Sport treiben (»sich auspowern«)
- täglich schwimmen/joggen
- viel Bewegung nach Fressattacken

**Beispiele für weitere bulimische Verhaltensweisen:**
- viel Wasser trinken
- zwischendurch und im Stehen essen
- morgens die erste Mahlzeit lange hinauszögern
- vor anderen nichts oder wenig essen
- heißen Tee trinken, um Hunger zu überdecken
- schnell und gierig essen/schlingen
- beim Vorbereiten schon essen
- breiige Nahrung bevorzugen
- alles löffeln
- immer das Gleiche essen
- ohne Besteck essen
- aus der Verpackung essen
- Heimlichkeiten
- Entscheidungsschwierigkeiten beim Einkaufen
- Essen mit Sport verrechnen
- Erbrechen vertuschen
- nach Ernährungsregeln leben
- Kochbücher lesen
- »Morgen höre ich damit auf«
- Essen vorplanen: Wann esse ich wo, was, wie viel?

- immer alleine essen
- merkwürdige Lebensmittelkombinationen
- unpassende Lebensmittel zusammen essen
- zu heiß essen
- zu scharf würzen
- schon beim Einkaufen oder auf dem Heimweg essen
- lieblos essen
- Fressanfall läuft immer gleich ab
- Reste auf dem Teller lassen
- tagsüber möglichst wenig essen, abends: Fressanfälle
- Bauch immer mit Kissen, Tasche etc. bedecken
- weite Kleidung tragen
- Ausprobieren von »Diätunterstützern« wie z.B. Apfelessig, Entschlackungstees
- Einteilung in erlaubte und verbotene Lebensmittel
- »Wenn-Dann«-Denken
- Gewissensbisse
- Selbstabwertung
- Isolation
- Absagen von Verabredungen, um fressen zu können

### Symptomatisches Verhalten bei Binge-Eating-Störung:

**Beispiele für Energiezufuhr:**

Lightprodukte
Süßigkeiten
Überessen
fette Speisen
Fressanfälle

**Beispiele für Energieverbrauch:**

- –

**Beispiele für auffällige Verhaltensweisen bei Binge-Eating-Störung:**

- Fressanfälle
- gierig essen
- schlingen
- ohne Besteck essen
- aus der Verpackung essen

- nicht vor anderen essen
- unterwegs, auf der Straße essen
- Isolation
- Bewegung vermeiden
- viel fernsehen
- fernsehen zu Fressanfällen
- Menschen meiden
- nicht ans Telefon gehen
- Körper vernachlässigen
- keine Kleidung mehr kaufen
- Lebensmittel kalt essen
- immer genug für einen Fressanfall zuhause haben
- tagsüber schon an abends denken, was ich essen will
- »Das war das letzte Mal«
- anderen von Diäten erzählen
- Freunde vernachlässigen

## Symptom-Dias

Nachdem jede Patientin ihre persönliche Symptomliste erstellt hat, regen wir sie dazu an, ihr »Essritual«, d.h., das für ihre Ess-Störung charakteristische Verhalten, in einem »Drehbuch« zu beschreiben, um es dann vor der Kamera zu demonstrieren. Auf diese Weise erhält jede Patientin »Symptom-Dias«, die sie in der Gruppe zeigt und kommentiert. Die Fragen der Gruppenmitglieder sind ebenso einfühlsam wie fachkundig und verständnisvoll, sodass die meisten ihre Diasymptompräsentation positiv erleben, d.h., sie haben das Gefühl, in einer Gemeinschaft angekommen zu sein, in der sie verstanden und akzeptiert werden. Nicht wenige Patientinnen äußern sich angesichts ihrer eigenen Dias erstaunt, etwa über die riesige Nahrungsmenge, die sie während einer Heißhungerattacke verschlungen haben – sie hatten das Ausmaß zuvor nicht erfasst. Andere erkennen an dem bizarren Hungerregime einer anderen ihr eigenes krankhaftes Verhalten. Das fast uniforme Verhalten, Denken und Fühlen essgestörter Frauen wird in solchen Diapräsentationen besonders deutlich.

Einige ausgewählte Bilder sollen die Leserinnen und Leser dazu anregen, sich das eigene essgestörte Verhalten möglichst realistisch vor Augen zu halten.

Reine
Butter

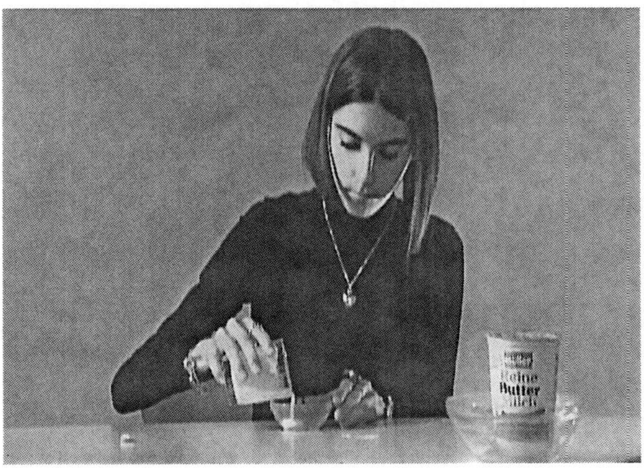
Reine
Butter

Reine
Butter
Milch

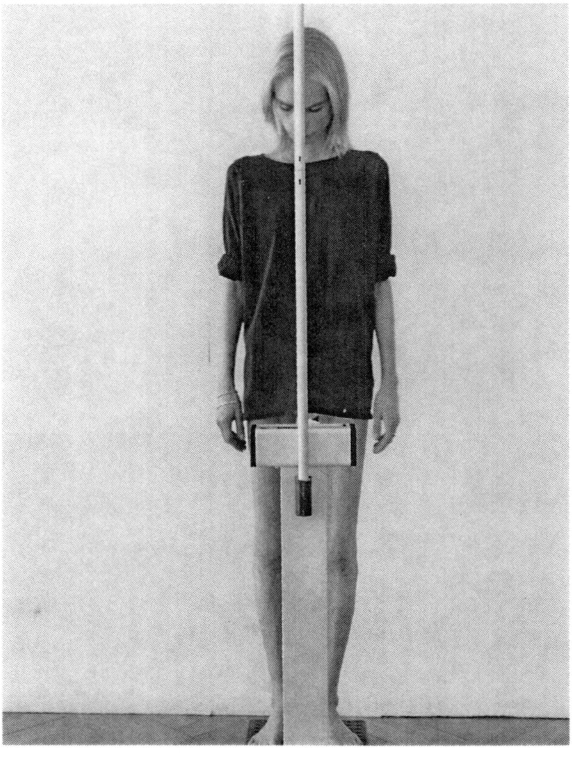

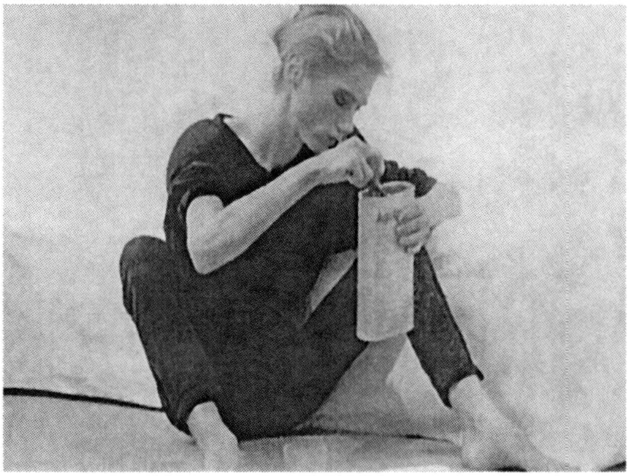

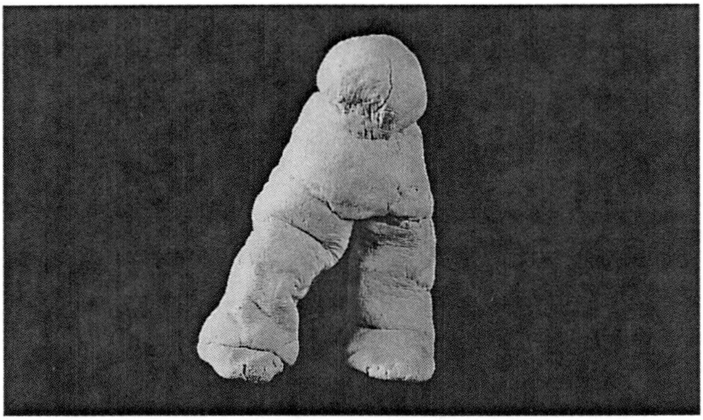

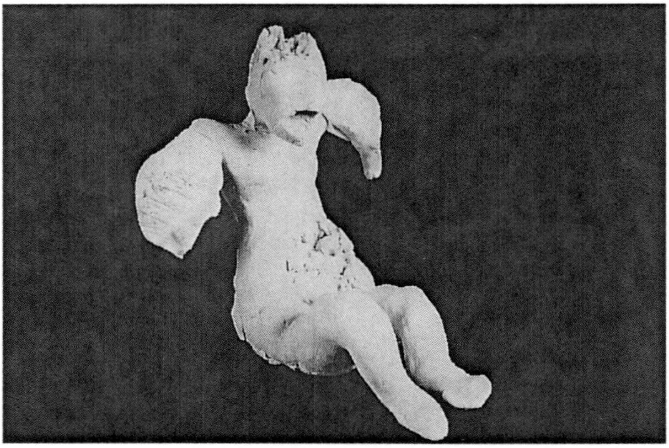

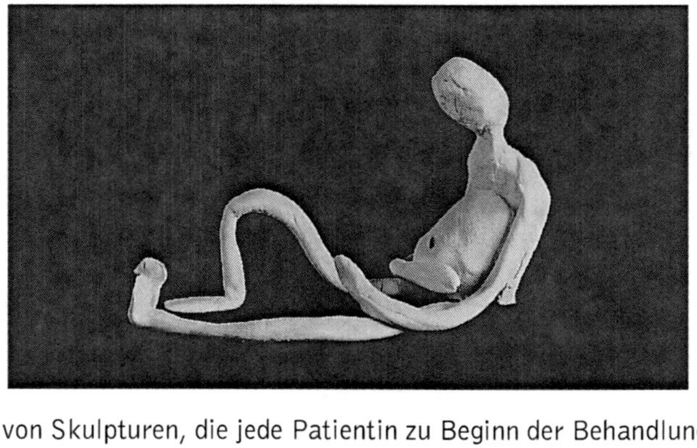

Bilder von Skulpturen, die jede Patientin zu Beginn der Behandlung im TCE formt, vermitteln uns einen Eindruck, was es heißt, an Magersucht und Bulimie krank zu sein.

## Exkurs: Tagesablauf

Zu Beginn der Therapie am TCE motivieren wir unsere Patientinnen, einen typischen Tagesablauf in ihrer Krankheit zu beschreiben aus einer Zeit, in der die Verlockungen und das Zwanghafte der Ess-Störungen noch immer alles beherrschend sind. Ihre Berichte sind erschütternde Zeugnisse dafür, was es heißt, an Magersucht oder Bulimie erkrankt zu sein und wie unumgänglich es ist, umzukehren und sich dabei helfen zu lassen.

**Mein Tagesablauf in der Magersucht:**
Ich mache meine Augen auf. Leere im Kopf. Hunger. Brennen im Bauch. Aufstehen. Umkippen. Am Türgriff festhalten. Gut. Alles ausziehen. Auf die Waage. Cool. Scheiße. Ich liebe mich. Ich hasse mich. Bauchaufzüge. Schneller. Schwächling. Keine Kraft mehr. Nicht schlecht. Kann mich nicht bewegen. Sitze an der Heizung. Mein bester Freund. Steh auf! Beweg dich! Ab in die Küche! Eine Semmel. Wag ja nicht, mehr zu essen! Du Fettsack! Genieß es! So schnell kriegst du nichts mehr. Ich hätte gern mehr. Halt's Maul. Raus mit dir. Zur Strafe gehst du eine extra große Runde. Schneller. Hopp, hopp. Von nichts kommt nichts. Und noch ein bisschen weiter. Sonst gibt's gar nichts mehr zu essen. Zu Hause. Kochbücher. Das würde ich gerne essen. Sei still! Für uns gibt es Salat. Hast du die Fett- und Kalorienzahlen nicht gelesen, du ekliges Ding? Auf, beweg' dich! Leere im Kopf. Kann mich nicht konzentrieren. Sitze an der Heizung und starre in die Ecke. Abend. Hunger, Hunger, Hunger. Ich will alles essen. Ich muss alles essen. Essen, essen, essen. Schwächling.

❖

**Mein Tagesablauf:**
Es ist 6:50 Uhr, mein Wecker klingelt. Ich würde so gerne noch weiterschlafen, aber ich darf nicht. Ich muss vor der Uni unbedingt noch 1 Stunde joggen, sonst habe ich mir mein Essen heute nicht verdient. Ich stehe auf. Alles läuft ganz automatisch ab. Der erste Blick in den Spiegel gibt mir schon wieder den Rest. Ich bin so ekelig und fett. Ich hasse mich. Ich habe es nicht besser verdient. Ich muss laufen. Ich habe keine Lust, ich bin müde, ich habe Hunger. Es ist so kalt draußen. Egal, ich darf mich nicht so anstellen. Rein in die

Sportklamotten, Gewichte um die Arme, noch schnell ein Schluck Wasser und los geht's. Draußen ist es extrem kalt. Nach einer halben Stunde spüre ich meine Zehen und Finger kaum noch, aber ich darf noch nicht aufhören. Ich bin viel zu langsam. Ich bekomme meine Brezel zum Frühstück nur, wenn ich den nächsten Berg schneller und ohne stehen zu bleiben noch laufe. Nach einer Stunde komme ich zurück in meine Wohnung. Vor dem Duschen noch schnell 150 Sit-ups. Mein Bauch ist immer noch viel zu dick. Eigentlich hätte ich 2 Stunden joggen müssen. Auf dem Weg zur Uni kaufe ich mir eine Brezel. Hoffentlich sieht mich keiner. Mittags gehe ich allein in die Mensa und gönne mir einen kleinen Salat oder eine Suppe. Danach habe ich ein schlechtes Gewissen, weil ich schon wieder gegessen habe. Die Gedanken kreisen ständig ums Essen. Ich kann mich nicht auf die Vorlesung konzentrieren. Was darf ich heute noch essen, was habe ich heute schon alles gegessen? O Gott, viel zu viel. Wenn ich heute noch etwas essen will, muss ich noch einmal eine Stunde joggen. Heute nach der Uni gehe ich einkaufen. Wann ist endlich die Vorlesung zu Ende? Um den Tag irgendwie ohne Essen zu überbrücken, lutsche ich zuckerfreie Bonbons und trinke Cola-light. Nach der Uni laufe ich zum nächsten Supermarkt und kaufe alles, worauf ich Lust habe. Schokolade, Eis, Pudding, Kuchen, Sahne, Milch, Kompott. Zu Hause mache ich alle Rolladen dicht und schalte den Fernseher ein. Ich beginne mich mit den verbotenen Sachen vollzustopfen und Unmengen dazu zu trinken bis mir der Bauch weh tut und mir total übel ist. Dabei empfinde ich nichts als völlige Leere in meinem Kopf. Danach fühle ich mich schlecht und schäme mich, mich nicht unter Kontrolle zu haben. Das Telefon klingelt. Ich gehe nicht ran. Ich muss kotzen. Ich gehe auf die Toilette und übergebe mich solange, bis ich das Gefühl habe, total leer zu sein. Ich weine, weil ich mich so allein und verlassen fühle und niemand da ist, der mich einfach nur in den Arm nimmt. Ich darf mich nicht so gehen lassen und in Selbstmitleid versinken. Morgen wird alles anders. Ich schlucke noch Abführpillen und gehe nochmal Joggen. Es ist schon stockfinster, aber ich habe keine Angst, ich laufe und laufe und laufe und laufe. Ich spüre nichts mehr. Nur vollkommene Leere. Es ist, als ob ich von oben auf mich herabblicken würde. Danach trinke ich Kaffee, um wach zu bleiben, und um für den nächsten Tag zu lernen bis tief in die Nacht. Anschließend falle ich erschöpft ins Bett. Morgen beginnt ein neuer Tag, und er wird sein wie immer.

❖

**Ein Tag in meiner Krankheit**

Schon 9 Uhr, ich will nicht aufstehen, würde am liebsten wieder die Decke über den Kopf ziehen und die grausame Wirklichkeit aussperren. Mein Rücken schmerzt, die Augen sind geschwollen, der Hals kratzt. Wieder ein neuer Tag, ein neuerlicher Beweis meiner Hilflosigkeit und Unfähigkeit, meinen Hunger, meine »dunkle« Seite zu fassen zu kriegen. Aber ich muss aufstehen, damit meine Mutter keinen Verdacht schöpft. Das Drehbuch für diesen Tag ist ohnehin schon geschrieben, es ist nur eine Wiederholung der Tage und Wochen zuvor, alles ist eingespielt, läuft automatisch ab.

Mit zittrigen Händen schnappe ich mir den großen Rucksack und radle wie eine Verrückte zum Supermarkt. Vorsichtig schaue ich rein, nicht auszudenken, wenn eine Nachbarin mich beim Einkaufen erwischen würde, mich, die disziplinierte, asketische junge Frau, stets kontrolliert und freundlich. Jetzt bin ich eher ein fahriges Monster, das nach Beute = Fressen giert. Je fetter und süßer, desto besser.

Ich kaufe sowieso immer dasselbe, 10 Magnum, verschiedene Schokoladen, Kuchen, Negerküsse, Kindermilchschnitten, und, und, und. Man kennt mich hier schon, ich bin höchstwahrscheinlich die beste Kundin. Ich versuche ganz bestimmt aufzutreten, als ob es das Normalste der Welt wäre, jeden Tag Unmengen von Essen im überquellenden Einkaufswagen zur Kasse zu schieben. Nur nicht rot werden, eine gute Ausrede erfinden und schnell alles im Rucksack verstauen. Schnell, schnell aufs Fahrrad, ich rase um die Ecke, überfahre fast eine Katze, weil ich schon den ersten Schokoriegel aus dem Rucksack krame und hastig in den Mund stopfe. Treten, kauen, schlucken, alles geht automatisch, hoffentlich sieht mich niemand, ich muss einfach einen grauenhaften Anblick bieten. Endlich daheim, Türe zu, jetzt kann ich meine Sucht frei ausleben, ohne Rücksicht, ohne Grenzen. Ich ziehe mein zeltartiges Karohemd, heimlich nenne ich es »Kotzhemd«, an, setze schnell Teewasser auf und schalte den Fernsehapparat ein.

Schon 15 Uhr, ich muss mich beeilen, hole den Tee, leere den Rucksack aus und setze mich im Schneidersitz aufs Bett. Ich starre auf den Bildschirm, registriere gar nicht, welche Serie eigentlich läuft, stopfe nur mechanisch Eis und Süßigkeiten in mich hinein und spüle alles mit Tee runter. Die ersten Bissen schmecke ich noch, doch schon bald geht es nicht mehr um Genießen oder den Geschmack, ich könnte genauso gut Heu essen und würde es nicht merken.

Eigentlich hätte ich zu Beginn Tomaten essen müssen, um später, wenn das Essen auf verkehrtem Weg den Körper wieder verläßt, zu

wissen, wann ich alles, wirklich alles, bis auf den letzten Rest erbrochen habe. Aber ich war wieder mal zu gierig, zu schwach, habe meinen Hunger auf dem Nachhauseweg nicht mehr unter Kontrolle gehabt. Zum Auftauen der Pizza ist keine Zeit mehr, ich muss sie tiefgefroren essen, auch egal, ich schmecke sowieso nichts mehr.
Ein bis zwei Stunden fresse ich weiter, bis mir alles weh tut und mein voller Magen so sehr nach außen drückt, dass ich nur noch zusammengekrümmt ins Bad wanken kann. Ich beuge mich über die Kloschüssel, stecke fast die ganze Hand in den Rachen, bewege den Bauch rein und raus, solange, bis ich alles wieder losgeworden bin. Hastig putze ich die Toilette, öffne das Fenster. Aus dem Spielgel blickt mich ein aufgequollenes, rotes Gesicht traurig an. Mein Gott, was bin ich für ein Mensch!
18 Uhr: jetzt darf ich ein paar Essiggurken und eine Riesenschüssel Salat ohne Öl essen, natürlich allein, hinter verschlossenen Türen. Keiner soll sehen, dass ich esse, dass ich hungrig = schwach bin. Eigentlich hasse ich diesen Salat, aber was anderes darf ich mir nicht gönnen.
20 Uhr: ungeduldig reiße ich die Schubladen auf und hole die übriggebliebenen Süßigkeiten und das halbe Brot, das ich unter meinem Hemd versteckte und aus der Küche gestohlen habe, heraus. Zweimal wird sich das Horrorszenario vom Nachmittag noch wiederholen, bis ich um circa 24 Uhr fertig, verschwitzt und enttäuscht von mir selbst ins Bett sinke.
Wieder ein Tag vergangen, wieder ein gescheiterter Versuch, die Leere zu füllen, wieder eine Hoffnung begraben.

❖

**Ein Tag in meiner Krankheit**

Drei Tage sturmfrei! Nach den nervtötenden Wochen zu Hause, in denen meine beiden Eltern ständig versuchten, mich zu kontrollieren und in ein Muster zu zwängen, ist es wie eine Erlösung. Jetzt kann ich mich mal so richtig ausleben und mit dem Scheiß abschließen. Nur noch einmal so richtig heftig – ich will mir den Rest geben, mich zum Punkt der totalen Erschöpfung treiben. Nur noch einmal fressen!
Es geht los: Zuerst mal feststellen, was alles da ist. Seit meine Eltern meinen, das wirkliche Ausmaß meiner Krankheit zu kennen, ist die Auswahl nicht mehr so groß. Doch das stört mich im Moment wenig. Man braucht nur Phantasie, und die habe ich zur Genüge. Ich rühre Eier mit Milch, Mehl und viel viel Zucker zu einem Brei – das wird dann so eine Art Omelette. Dazu Joghurt, Rama, Marmelade, Honig

und den Rest der Nutella. Ok, jetzt brauche ich dringend was zum Aufweichen, damit es nachher nicht so eine Qual wird. Ich mache mir Kaffee mit viel Milch und acht Süßstofftabletten, nehme die Smacks von meinem Bruder und das letzte Glas Joghurt im Kühlschrank. Das reicht fürs Erste. Loswerden! So anstrengend … trinken, kotzen, trinken … Ich kann nicht mehr, mir ist übel und schwindlig. Um die Übelkeit zu mildern, mache ich mir wieder einen Milchkaffee, aber der hilft auch nicht lange. Mein Körper schreit nach Nahrung. Na gut, irgendwas Leichtes kann ich mir ja kaufen. Ich radle zum Supermarkt und hole mir nur zwei Brezeln. Daheim probiere ich Rama auf eine zu streichen, so wie ich es als Kind immer gemacht habe. Das schmeckt so vertraut, lecker. Aber ich will kein Fett essen!!! Ich bin eh schon normalgewichtig, ich will einen flachen Bauch, egal, ob ich den Tabellen nach dann zu wenig wiegen würde! 55 kg wären super. Aber ich werde es sowieso nicht schaffen. Mein Stoffwechsel ist im Arsch. Keiner kann so extrem schnell zunehmen wie ich – das ist so unfair!!! Ich schmiere cm-dick Rama auf den Rest der zwei Brezeln und stopfe sie in mich hinein. Ich brauche mehr, mehr Nahrung, die mich ausfüllt bis mir schlecht wird und meine Emotionen mit ihrem Gewicht erstickt! Zum Glück habe ich ja meine EC-Karte. Also wieder auf zum nächsten Supermarkt – ich brauche Pudding, Schokolade, weiche Semmeln, Chips, Eis, Sahne … Ich nehme so viel ich tragen kann; einen Einkaufswagen zu nehmen traue ich mich nicht, es könnte ja zu viel werden und mir könnte zu dem noch jemand begegnen. Wieder zu Hause, baue ich die ganzen Fressalien vor mir auf dem Tisch auf. Erst das Eis, Sahne drüber, Zucker über die Sahne. Zwischenrein Schokolade, Kinder Maxiking, das aller verbotenste Nahrungsmittel, Kaffee und wieder von vorne. Jetzt ist mir kotzschlecht, ich stehe auf und stelle fest, dass ich nicht mal mehr aufrecht gehen kann! Mein Bauch tut wahnsinnig weh – ich wundere mich oft, warum er nicht einfach dem Druck nachgibt und ich einfach explodiere. Blöder Gedanke, ich will doch nicht sterben, aber auch nicht so weiterleben. Egal, alles total egal, ich muss es loswerden, sofort wieder loswerden. Ich will nicht schon wieder kotzen müssen; es ist so nervenaufreibend und unendlich anstrengend. Warum zur Hölle tue ich das?? Es macht doch verdammt nochmal keinen Sinn! Aber es muss raus, muss raus!!! Befreien. Also das ganze noch mal von vorne.

Danach bin ich nur noch am Ende. Dabei gäbe es so viel zu tun. Wäsche bügeln, Mathe machen – ich habe das Schuljahr so in den Sand gesetzt, ich sollte so viel lernen. Die Küche ist ein Schlachtfeld. Ich will

nicht dorthin zurück und die Überreste meines wieder mal verlorenen Kampfes betrachten müssen. Erst mal ins Bett, ich kann nicht mehr stehen, alles dreht sich und ich frage mich, ob Totsein nicht viel angenehmer wäre, als das weiterhin zu ertragen. Aber ich wische die Gedanken weg. Unsinn, jetzt schlafe ich erst mal und danach sieht alles wieder anders aus. Aber mein schlechtes Gewissen meldet sich: »Tu doch einmal was Sinnvolles! Vom Essen-Vernichten hat keiner was!« Doch ich muss mir eine Pause gönnen. So dämmere ich eine Stunde vor mich hin, bis der Hunger zurückkommt. Erste Reaktion ist, mir wieder einen Kaffee zu machen. Aber jetzt lege ich los! Bügeleisen in die Steckdose und ein Stück nach dem anderen wird bearbeitet. Es ist immer nur die Überwindung anzufangen, die so schwierig für mich ist. Zunächst geht es mir gut dabei, endlich leiste ich mal was. Doch ich kann bald nicht mehr stehen. Mir ist so schlecht und schwindlig. Ich sollte echt etwas bei mir behalten, nur was?
Also gut, der nächste Versuch. Am besten was Trockenes oder Obst … Eigentlich könnte ich mir ja was gönnen – habe ja bis jetzt noch nichts behalten. Aber mein scheiß-Bauch, meine blöden hässlichen Vorsteh-Bäckchen! Warum kann ich nicht einfach so sein, wie ich mich gerne hätte und glücklich leben – nie wieder tausend Gedanken ans Essen verschwenden müssen, es einfach tun! Keine Leute mehr belügen, keine Tagespläne machen, kein Essen verschwinden lassen und mein Konto dafür ausräumen. Keine offenen Mundwinkel und keinen rauen Hals. Ach Scheiße, warum musste es soweit kommen?! Warum mache ich mir Tag für Tag was vor, mache mich und meinen Körper fertig, nur um die verfluchte Zahl auf der Waage zumindest konstant zu halten. Ich schiebe Hass und Selbstmitleid. Wen ich hasse, kann ich nicht sagen, mich auf jeden Fall, aber nicht nur. Oft kommen mir Erlebnisse in den Sinn, die mir nur bestätigen, dass mein Leben schon immer zum Scheitern verurteilt war. Ich weiß, ich muss dagegen ankämpfen, ich habe so keine Zukunftsaussichten. Ich kann doch nicht mein Leben lang alles nur danach ausrichten, wann ich wieder Fressen und Kotzen muss! Ich bin so ein Versager; wie oft, wie verdammt oft habe ich schon versucht, aus diesem Sumpf herauszukommen. Warum bin ich es mir nicht wert? Eigentlich bin ich doch nicht dumm, warum kriege ich das nur nicht hin? Ich beginne zu essen, aber mit jedem Bissen wandeln sich sämtliche Emotionen in bedrückende leere Gleichgültigkeit und es geht von vorne los … wieder und wieder … keine Ende in Sicht.

❖

**Mein Tagesablauf**

Ich will nicht aufstehen, ich kann nicht, verschwitzte Bettlaken, Krümelgefühl, meine muffige Höhle kann ich nicht verlassen, draußen lauern Aufgaben und Überforderung, nicht zu erfüllende Ansprüche und bösartige Menschen, die mich nicht verstehen und ein Haufen Rechnungen und unangenehme Behördenpost. Um das Bett herum ein Müllberg aus Klamotten, Essensverpackungen, Eislöffeln, Zewatüchern, zerknüllte Zeitungen. Wo soll ich anfangen, ist doch eh alles gleichgültig. Ich schaffe gar nichts, ich kann gar nichts, ich bin eine Versagerin, ich habe Angst vor den anderen, den Glücklichen und Satten. Ich fürchte mich, dass heute meine Chefin anruft und sich über meine mangelnde Arbeitskraft beschwert. Ich denke, sie wissen längst, dass ich sauschlecht, unkonzentriert und im Grunde leistungsunfähig bin. Ich grübel und grübel und grübel und die Weckerzeit läuft und läuft. Jetzt ist es eh schon zu spät, ich bin so müde, erst mal schlafen. Erleichterung und Zufriedenheit. Dann mulmiges Gefühl, wenn ich zum Telefonhörer greife und in der Arbeit anrufe und sage, dass ich nicht komme, weil ich so krank bin, aber morgen ganz sicher wieder. Gottseidank ist die Sekretärin dran. Noch glauben sie mir alles, ich bin noch nicht lange genug da, dass sie misstrauisch werden könnten. Das mulmige Gefühl bleibt. Jetzt erst einmal zum Bäcker, Croissants kaufen und dann Morgenserien im TV schauen und brechen. Dann irgendeinen Arzt anrufen, der muss mich für heute krank schreiben. Blick in den Spiegel: Sehe zum Kotzen aus, echt realistisch. Schnell Zähne putzen, die Haare irgendwie zusammenraffen, raus aus meiner Höhle unter die Fremden, die mich, das Dreckbündel, alle anstarren und verachten. Der Arzt schaut mich kaum an, was fehlt Ihnen? Kopfweh, wie lange wollen Sie krank geschrieben werden? NUR heute. Der Nächste, bitte. Dabei hätte ich gerne erzählt, was mir wirklich weh tut. Dann gehe ich in den Supermarkt, treffe Vorbereitungen für den nächsten Fressanfall, Milka, Eis und Kekse und Cola-light, dann geht das Brechen besser. Und einen Apfel und Salat und ein wenig Käse für die Zähne. An der Kasse ist mir der ungesunde Lebensmittelhaufen so peinlich, die Schlangenmenschen glotzen und staunen, die Kassiererin wagt einen Scherz, die Rentner lachen, ich blecke die Zähne.

Daheim erst einmal schlafen und ausruhen von dem Ausflug in die feindliche Umgebung. Ignoriere das Chaos um mich her, träume mich in eine Welt, in der ich der Überallesbeliebtesuperstar bin und mir ALLE zu Füßen liegen, ich schlafe ein. Nachmittags dann Seriengukken und hastig die Lebensmittel fressen, aus der Verpackung heraus,

wo ist noch ein sauberer Eislöffel in dem Küchengeschirrberg? Den Putzeimer zum Kotzen schon parat, die Klopapierrollen liegen bereit, die Serien flimmern vorbei. Scheiße, ich bekomme nicht alles wieder aus dem Magen heraus, hoffentlich ruft jetzt nicht meine Chefin an. Ich werde fett werden, ich habe noch mindestens 3000 Kalorien in meinem Bauch, ich muss mir noch was holen, dass das Brechen besser geht. Dann schlafe ich ein.
Spät am Abend wache ich auf und bin unendlich traurig. Starre an die Wand will mir mit der Büroklammer in mein Handgelenk ritzen, doch ich habe Schiss vor den Schmerzen. Umbringen wäre die Lösung, die Erlösung, dann müsste ich nicht mehr nachdenken. Gegen den Baum fahren oder Schlaftabletten, die Ärzte verschreiben dir alles, damit sie dich rasch wieder aus ihrem Wartezimmer schieben können. Nein, jetzt erst einmal Fressen. Durchstöbere in Panik das ganze Zimmer nach Nahrung, nichts da, ratzeputz aufgefressen heute Nachmittag. Muss zur Tankstelle, kennen mich schon, na, wieder Lust auf was Süßes, eine Tüte bitte. Der reiche BMW-Fahrer hinter mir denkt sich seinen Teil, die fette Kuh gibt es sich jetzt aber richtig. Schnell weg hier. Wieder daheim, Zimmertür hinter mir zuschlagen. Ich habe noch Zeit für mich, kann fressen und kotzen. Danach muss ich das gröbste Chaos beseitigen, habe mich längst auch in der Küche ausgebreitet, muss sehen, dass meine WG-Mitbewohnerinnen nichts merken. Irgendwann, ich weiß nicht wann, schlafe ich erschöpft ein.

Unsere Patientinnen schreiben während ihrer Therapie im TCE einen Abschiedsbrief an ihre Krankheit, so persönlich, als verabschiedeten sie sich von einem lieb gewordenen Menschen. Für die meisten waren Magersucht und Bulimie über Jahre Lebenssinn und Lebensinhalt.

**Abschiedsbrief an die Magersucht**
Du hast es zu weit getrieben, hast mich enttäuscht und mir weh getan. Nun verschwinde, hau ab! Jahrelang habe ich unter deiner Herrschaft gelebt, eine Beziehung, die du Freundschaft nennst. Ich nenne sie Fronarbeit und Ausbeutung bis zum Exzess. Ich habe dir alles gegeben, habe deine Befehle perfekt ausgeführt, habe mein Leben dem deinigen untergeordnet. Ich habe gegeben, du hast nur genommen, 100%ige Aufmerksamkeit und Leistung waren dir nicht genug, nach oben hin war die Skala offen. Nie warst du zufrieden mit mir, hast

ständig was an mir auszusetzen gehabt, hast mir alle Stärke und die ganze Lebensfreude genommen, hast meine Träume und Illusionen wie Seifenblasen zum Platzen gebracht. Aus dem glücklichen, lebensneugierigen jungen Mädchen ist eine verzweifelte, ängstliche und verhärmte junge Frau geworden, die sich fast für dich aufgeopfert hätte. Vor 8 Jahren haben wir uns kennen gelernt, da warst du für mich da, in einer Zeit, in der ich hin- und hergerissen war, zwischen Kind bleiben wollen und erwachsen werden. Einer Zeit, in der es nur Probleme und Ängste gab. Damals hast du mich mit deinen Versprechungen gelockt und mit deinen Komplimenten eingelullt. Hast mir schlicht und einfach den Kopf verdreht. »Du brauchst nicht zu essen wie alle anderen, du bist stark und etwas besonderes«, hast du mir ins Ohr geflüstert. Von da an habe ich nur noch an dich gedacht, habe dir einen Platz, d.h. den wichtigsten Platz in meinem Leben eingeräumt. Nichts, gar nichts war mir wichtiger als zu hungern. Wenn es mir schlecht ging, hast du mich getröstet und wieder aufgebaut. Wenn ich alleine war, warst du immer zur Stelle. Hast mit mir Kalorientabellen auswendig gelernt und mir Gymnastikübungen beigebracht. Du hast mir erklärt, dass essen Gift für meinen Geist und meine Seele ist. Und dass ich nur dann, wenn ich nicht esse zu etwas Besonderem, Einmaligem, Großartigem werde. Mein Gott, wie naiv war ich! Nicht zu erkennen, wer du wirklich bist. Lange Zeit blieb deine Anwesenheit unentdeckt. Doch mit 16 Jahren hat meine Umgebung erstmals von deiner Existenz erfahren. Damals habe ich nicht kapiert, warum alle so geschockt waren. Heute verstehe ich ihre Reaktion. Spät, sehr spät, aber immerhin. Die vielen Klinikaufenthalte, die folgten, haben mich nicht von deiner Abartigkeit und Böswilligkeit überzeugen können. Für dich habe ich gelogen und betrogen. Habe Menschenunwürdiges ertragen, habe nichts Schlechtes über dich kommen lassen. Wenn die Therapeuten mir ausreden wollten weiterhin mit dir und für dich zu leben hörte ich einfach nicht hin. Ich war ganz und gar von Dir überzeugt. Ich konnte und wollte nicht erkennen, dass du mich langsam aber sicher zu Grunde richtest. Dreimal bin ich dem Tod sozusagen wieder »von der Schippe gesprungen« und dreimal war ich zu blöd, um die Ernsthaftigkeit der Lage zu erkennen.

8 Jahre hatte ich Magersucht und dann kamen die Fressanfälle, die mich endgültig der letzten Würde beraubt haben, die ich noch besaß. O Gott, wenn ich mich an die Tage erinnere, in denen ich das Bett nicht mehr verließ und nur noch vor mich hinfraß, weiß ich vor Scham nicht mehr wohin. Mein Schamgefühl war bei Null angekom-

men. Ich machte Schulden, ich log, ich stahl, ich verletzte mich und meine Familie. Ich kann es dir nie verzeihen, dass du mich so weit gebracht hast. Aber dann, als es offenbar wirklich beinahe aus mit mir war, habe ich den Sprung ins Ungewisse gewagt und habe mich im TCE angemeldet. Hier lerne ich, was wahre Freundschaft bedeutet, das heißt unterstützt und gestützt zu werden. Hier sehe ich immer mehr, was du mir genommen hast, und was ich ohne dich alles gewinne. Ich lebe wieder. Ich habe Menschen gefunden, die mir wichtiger sind als du es jemals sein könntest. Hiermit sage ich dir klipp und klar, ich brauche dich nicht mehr. Du bist nicht mehr mein Lebensinhalt. Der Platz in mir gehört nicht wirklich dir, sondern mir allein. Ich habe Besseres zu tun, ich will leben. Auf nimmer Wiedersehen.

❖

**Liebe Magersucht,**
bestimmt ist dir aufgefallen, dass wir in letzter Zeit kaum mehr Kontakt zueinander hatten und ich mich von dir distanziert habe. Mein Rückzug von dir war bewusst, weil ich endlich Freiraum brauchte, um mir über einige Dinge in unserer innigen Beziehung klar zu werden. Tatsache ist, dass mir in diesen drei Monaten im TCE die Augen dafür geöffnet wurde, dass ich ohne dich einfach viel freier, unbeschwerter, unabhängiger, weltoffener, glücklicher und zufriedener leben kann. Ich erinnere mich noch gut an die Zeit, in der wir uns kennen gelernt haben. Du warst für mich da, als ich das Gefühl hatte, alle Menschen würden sich von mir abwenden und mein Leben hätte keinen Sinn mehr. Anfangs warst du noch ziemlich schüchtern und zurückhaltend, so dass eher ich die Initiative ergreifen musste. Wir haben uns gegenseitig ergänzt, weil du genau so wie ich das Gefühl hattest, die ganze Welt sei gegen uns. Ich hab jeden ignoriert, der mich vor deinem Einfluss gewarnt hat, weil du mir Halt gabst und ich von deiner Aufrichtigkeit überzeugt war. Doch jetzt wird mir klar, dass du mit der Zeit immer vereinnahmender und dominanter wurdest. Du hast dich auf alle meine Lebensbereiche ausgeweitet, mir den Kontakt zu jedem verboten, der mir außer dir wichtig war. Ich war überzeugt davon, dass nur du das Beste für mich wolltest und als liebevoller Partner froh warst, wenn es mir mal gut ging. Aber weißt du was mir jetzt verdammt deutlich wird? Du hast deine ganze Energie und Lebensfreude für mich verwandt und mich immer mehr und mehr ausgesaugt. Du hast dich einen Dreck darum geschert, wenn ich jeden Tag wieder einen Büschel Haare in der Hand hatte oder wenn ich mir vor lauter Verstopfung nicht mehr zu helfen gewusst habe oder wenn

ich vor Schmerzen in der Badewanne hätte schreien können, weil ich auf meinem Steißbein gesessen habe. Du warst nur glücklich, wenn es mir schlecht ging, damit ich nicht die Kraft dazu hatte, mich auf andere Dinge als auf dich zu konzentrieren. Ich zwang mich ständig dazu, schwach und gebrechlich auszusehen, aus Angst davor, du könntest mich verlassen. Denn durch dich und deine auffällige Konsequenz erhielt ich Aufmerksamkeit, viele haben mich bemitleidet und verschont, als sie gesehen haben, wie du mit mir umspringst. Aber weißt du was? In den drei Jahren unserer Beziehung hab ich mich immer nur verleugnet und dir untergeordnet. Wir beide liegen nicht im geringsten auf einer Wellenlänge, auch wenn ich mir das anfangs eingebildet habe. Während du unheimlich streng, intolerant, oberflächlich, einfach ein kleiner dummer Mitläufer bist, kann ich es jetzt gar nicht mehr erwarten, wieder Freundschaften zu knüpfen, mir selbst Liebe zu geben und all meinen Interessen ohne schlechtes Gewissen nachzugehen. Früher war ich oft neidisch, wenn ich dich zusammen mit anderen Mädchen sah, wie sehr ihr euch anscheinend geliebt habt. Doch wenn ich jetzt zurückblicke, wird mir umso mehr klar, dass du es bei jeder mit der gleichen Masche versuchst und keinerlei wahre Gefühle dahinter stecken. Du bist nur stark wenn du andere auffressen und in deine Abhängigkeit ziehen kannst. Du lächerliches armes Ding, du bist einfach ein kleiner mieser Schwächling, der ohne dieses feige Verhalten vor lauter Pessimismus und Beschränktheit in sich zusammenfallen würde.

Tja Magersucht, ich weiß du wirst mir nachtrauern und mich zurück haben wollen, weil du siehst, wie ich aufblühe und was ich für ein toller Mensch ohne dich sein kann. Aber mein Abschied von dir ist endgültig und mein Entschluss steht fest, ich will niemals so werden wie du und ein Leben mit dir ist mit meinen Zielen nicht mehr zu vereinbaren. Das war's, ich hab noch viel vor mir.

Tschüss, lass mich für immer in Ruh'.

❖

**Liebe Krankheit,**

es fällt mir verdammt schwer, aber ich muss es dir heute einfach sagen: Ich will dich niemals wiedersehen, du musst für immer aus meinem Leben verschwinden. Wenn ich die Therapie beendet habe, wird nämlich kein Platz mehr für dich sein, nirgends, weder in meinem Körper, noch in meinem Hirn, noch in meinen Gedanken oder in meinem Herzen. Alles wird restlos ausgefüllt sein mit Glück und guten Ideen und Gedanken an Freunde und Lachen und Spaß und Ge-

sprächen und Spieleabenden und Spaziergängen und Malen und Zeichnen und Schreiben – da habe ich einfach überhaupt keine Zeit mehr für dich. Du musst das verstehen, du hast mich jetzt über zehn Jahre völlig für dich alleine gehabt und mich mit nichts und niemandem teilen müssen. Ich war ganz für dich da und – zugegeben – auch du warst immer für mich da, wenn es mir schlecht ging. Es waren nicht nur schlechte Stunden mit dir, deshalb fällt es mir ja so schwer, dich ziehen zu lassen. Du hast mir Geborgenheit gegeben und Wärme und etwas, worauf ich mich den ganzen, quälend langen Tag freuen konnte. Es war ein so wunderbares, tröstendes und unheimlich befriedigendes Gefühl, wenn die Schokolade süß und verboten die Kehle hinunter geglitten ist und mir inwändig Streicheleinheiten verpasst hat, die mein Körper sonst nur selten bekommen hat. Du warst meine Freundin und hast mir das Gefühl gegeben, nicht alleine zu sein. Du hast mich in der Illusion gewiegt, zumindest einen Bereich in meinem Leben wirklich steuern zu können, einen Bereich, der mir ganz alleine gehört. Du, Fressbrechsucht, hast es mir ermöglicht, Unmengen Seelentröster in mich rein zu schlingen, ohne wirklich fett zu werden, so dass niemand etwas gemerkt hat und ich am nächsten Tag wieder wie gewohnt funktionieren konnte. Du, Fressbrechsucht, hast mich gelehrt, auf andere, die tagsüber etwas Hochkalorisches gegessen haben, mit Verachtung blicken zu können, wenn ich an meinem Apfel oder meiner Brezel gekaut habe. Die neidischen Kommentare »Isst du nichts?« haben mich erfreut, ich fühlte mich überlegen und konnte mir in aller Ruhe ausmalen, welche tollen, teuren Süßigkeiten ich mir heute Abend reinziehen würde. Das alles ging jahrelang gut mit uns, manchmal war unsere Beziehung auch gar nicht so innig, es gab Phasen, da dachte ich, du kehrst nie mehr zurück und – ehrlich gesagt – ich habe dich eine Zeitlang auch gar nicht vermisst. Doch wenn ich dich dann wieder gebraucht habe, warst du sofort zur Stelle.
Warum, wirst du dich jetzt fragen, habe ich jetzt plötzlich genug von dir??
Ich erkläre es dir: Irgendwann, es muss so 1 Jahr her sein, hat sich all das Schöne, was ich in den Jahren zuvor mit dir erlebt, empfunden habe, in Horror verwandelt. Nicht nur, dass du mich in den finanziellen Ruin getrieben hast, mit deiner Forderung nach teuersten Süßigkeiten und Leckereien. Zum anderen, hast du ein seelisches und körperliches Wrack aus mir gemacht. Was mir als Erstes negativ aufgefallen war, habe ich nach den mehrmals am Tag geplanten Schokoladenberg-Kotzeimer-Orgien nicht mehr abgenommen, sondern je-

des Mal ein wenig mehr gewogen. Mein Körper hatte überhaupt keine Kraft mehr, den ganzen Schokoeiskekseschleim wieder nach oben zu transportieren, ich war so erschöpft und müde, dass ich oft mit den Zehntausenden von Kalorien im Leib eingeschlafen bin (das Chaos im Zimmer konnte ich dann nicht mehr aufräumen, weshalb ich auch äußerlich immer mehr verkommen bin).
Du hast plötzlich angefangen, meinen Körper nicht jung und schlank und schön zu erhalten, sondern ihn Stück für Stück begonnen, zu vernichten: So fielen mir die Haare aus (ich habe mit 25 Glatzenansatz am Hinterkopf, du Miststück von einer Krankheit!!!!!!!). Meine Fingernägel brechen und splittern, wenn ich sie nicht megakurz schneide, ich habe ständig Magen-, Bauch- und Rachenschmerzen, meine Immunabwehr existiert faktisch nicht mehr (ich bin permanent erkältet und zu nichts mehr fähig). Mein Gesicht ist aufgequollen um den Mund und Nase habe ich scharfe Falten (vom qualvollen Mundaufreißen beim Kotzen), meine Augen sind ständig gerötet. Aber das allerschlimmste: Meine Zähne sind von der Magensäure so angegriffen und zerstört, dass ich nur mit sündteuren Inlays (die die Kasse übrigens nicht bezahlt) überhaupt noch vernünftig kauen kann. Ich lebe in der Angst, bald ein Gebiss zu haben. Du hast mich von dir völlig abhängig gemacht, das hast du schleichend und sehr geschickt gemacht, ich habe es gar nicht gemerkt, dass ich nicht mehr ohne dich leben konnte, ich habe nur noch an dich gedacht, den ganzen Tag lang, war zu nichts anderem fähig, eine Existenz ohne dich stellte ich mir gar nicht erst vor. Unsere Zweisamkeit hat es mir erspart, Konflikte mit Menschen austragen zu müssen, mit Menschen, denen ich mich mühsam hätte öffnen müssen, die mich eventuell kritisiert hätten und in die ich Zeit und Gefühle investieren hätte müssen, die herausfinden hätten können, wie schlecht und langweilig ich wirklich bin. Das hast du mir zumindest erfolgreich eingeredet – aber du hast wohl nicht damit gerechnet, dass ich unseren strengen Geheimhaltungsvertrag brechen würde und einem Menschen von dir erzählen würde. Ich habe meiner besten Freundin von dir erzählt und sie riet mir zu einer Therapie. Im Internet fand ich die Adresse vom TCE und du hast gebibbert, als ich das erste Mal dort angerufen habe. Dann hast du mir noch zweimal eine Krankheit verpasst, damit ich die Gesprächstermine versäume und das tue, was ich immer getan habe, nämlich aufgeben, wenn etwas nicht sofort klappt. Aber ich habe es trotzdem geschafft und jetzt bin ich hier und hier hast du keinen Zutritt. Du hast anfangs noch Macht über mich gehabt und versucht,

mich durch Rückfälle und Fressgedanken zu dir zurück zu zwingen. Aber du hast es wahrscheinlich selbst gemerkt, meine Abhängigkeit schwindet mit jedem Tag, ich denke zwar schon noch hin und wieder an Schokolade, aber ich habe schon so lange keinen Rückfall mehr gehabt, dass ich gar nicht weiß, wann das war. Und mit den Fressgedanken und den Schokoladenregalen im Supermarkt kriegst du mich nicht weich, ich bin jetzt so viel stärker als du und deine hässlichen Einflüsterungen. Ich höre dir einfach nicht mehr zu, wenn du von Kalorien und Wabbelbäuchen keifst. Du Zerstörerin, du falsche Freundin, versuche nicht mir einzureden, es habe doch auch schöne Momente gegeben in unserem Leben. Du weißt, das war alles nur Illusion und hatte nichts mit einem normalen Leben zu tun, du hast ignoriert, wie sehr ich am Schluss gelitten habe.

Du musst jetzt nicht zusehen, wie ich mich verändere, wie ich Freunde und Freude am echten Leben gewinne. Dabei musst du nicht zusehen, denn du wirst mich niemals wieder sehen. Hiermit verbanne ich dich, Fressbrechsucht, aus meinem Leben. Du wirst dich mir nie wieder nähern, mein Gedankengericht beschließt hiermit, dass du mir niemals mehr näher als auf zehntausend Kilometer kommen darfst, du hast bei mir Hirn- und Hausverbot. Nimm deinen Kotzeimer und den Schokoladenhaufen und verschwinde!!!!

Ich hoffe sehr, du findest keine andere »Freundin«.

Dann wirst du sterben, denn du kannst nur überleben, wenn ein Mädchen dich in ihrem Körper und ihren Gedanken hausen lässt und allen anderen Bewohnern kündigt.

Ich wünsche dir den Tod, nicht mir selbst, auf Nimmerwiedersehen.

# 5. Essprogramm am TCE

## Gewicht

Von jeder Patientin wird bei der Aufnahme das Gewicht festgestellt und mit ihr gemeinsam ein während der Therapie zu erreichendes Gewicht definiert. Wie alle therapeutischen Aktivitäten im TCE findet auch diese Gewichtsabsprache mit jeder Einzelnen in der Gruppe statt.

Die meisten Patientinnen haben zu Beginn der Therapie definitive Vorstellungen über ihr anzustrebendes »Ideal- oder Traumgewicht«, was sie zunächst keinesfalls aufgeben wollen. In aller Regel sind bei Ideal- und Traumgewichtsvorstellungen Schönheits- und Schlankheitsideal ausschlaggebend, nicht aber individuelle, konstitutionelle und biologische Faktoren. Dabei ist es für magersüchtige Frauen geradezu eine Horrorvision, eine bestimmte »magische« Gewichtszahl, z.B. 50 kg, zu überschreiten.

Wir bemühen uns ebenso verständnisvoll wie bestimmt, magersüchtige Patientinnen von unrealistischen krankhaften Vorstellungen in Bezug auf ihr Zielgewicht abzubringen.

Bulimische Frauen, die oft erhebliche Gewichtsschwankungen im Verlauf ihrer Erkrankung zu verzeichnen haben (5 bis 10 kg), streben nicht selten zunächst eine Gewichtsreduktion in der Therapie an. Unser primäres Ziel ist hingegen, dass auch sie wieder lernen, über den Tag verteilt angemessene Nahrungsmengen zu sich zu nehmen, um so ein Gewicht zu erreichen, das stabil bleibt und ihrer Konstitution entspricht.

Übergewichtige Frauen sind oft entsetzt, wenn sie hören, dass wir für sie eine Gewichtsabnahme von nur 500 g pro Woche anstreben. Mit ihrer Crash-Diäten-Erfahrung haben sie andere Abnehmdimensionen vor Augen. Wir versuchen ihnen zu vermitteln, dass unser Essprogramm zum Ziel hat, dass sie dauerhaft ihre Nahrungszufuhr umstellen und gleichzeitig mehr Bewegung in ihr tägliches Leben bringen müssen.

Das Maß aller Dinge in Bezug auf das Gewicht ist international derzeit der BMI (Body-Mass-Index) nach der Formel:

> BMI = Gewicht in Kilogramm geteilt durch Größe in Metern zum Quadrat.
> Anzustreben ist somit für einen Erwachsenen ein BMI von 19 bis 24 für Frauen und 20 bis 25 für Männer.

Das Körpergewicht ist eine biologische Größe. Sie unterliegt einer zentralen Steuerung, von der wir einige Details genau kennen, aber noch nicht den gesamten Mechanismus. Deshalb setzen wir unsere Patientinnen davon in Kenntnis, dass wir heute noch nicht in der Lage sind, das individuelle biologisch sinnvolle Gewicht eines Menschen zu bestimmen, auch wenn Begriffe wie Idealgewicht (Ideal Body Weight, IBW) oder auch Set-Point-Gewicht gebräuchlich sind. Wir benutzen die Bezeichnung »Set-Point-Gewicht« als eine Hilfskonstruktion für ein eigenverantwortliches, stimmiges Umgehen mit dem eigenen Gewicht.

## Essprogramm

Am TCE gibt es eine bedarfsgerechte Mischkost ohne irgend eine Einschränkung in der Lebensmittelauswahl. Wir motivieren auch Patientinnen, die im Rahmen ihrer Ess-Störung zu Vegetariern geworden sind, an unserem üblichen Essen teilzunehmen. Jeder Patientin wird aber zugestanden, maximal zwei Nahrungsmittel, soweit sie nicht zu den Grundnahrungsmitteln gehören, »abzuwählen«, z.B. Fisch oder Oliven oder Paprika. Auf Lebensmittelallergien nehmen wir selbstverständlich Rücksicht, eine fachärztliche Überprüfung ist manchmal notwendig.

Am TCE wird die Nahrungsmenge in Portionen eingeteilt. Von Kalorien sprechen wir möglichst wenig. Die Einteilung der Portionen richtet sich nach dem Ziel der Gewichtsregulierung, nämlich:

Portion A für Patientinnen, die zunehmen sollen;
Portion B für Patientinnen, deren Gewicht unverändert bleiben soll;
Portion C für Patientinnen, die abnehmen sollen, z.B. bei einem BMI >25.

Die Zuordnung einer Patientin zu einer bestimmten Portion richtet sich nach dem Aufnahmegewicht und kann wöchentlich korrigiert werden.

Auch stark untergewichtige Patientinnen ernähren wir nicht über eine Magensonde. Wir motivieren sie dazu – auch mit Hilfe von Patientinnen mit Therapieerfahrung –, hochkalorische trinkbare Nahrung in regelmäßigen Abständen zu sich zu nehmen. Diese Art der Ernährung richtet sich nach einem Stufenplan, in dem die Menge der abgepackten Trinknahrung, die Anzahl der Portionen pro Tag, die Kombination mit normaler Nahrung und die Zeitabstände festgelegt sind. Am Beginn spielt das Ausmaß des Untergewichtes eine entscheidende Rolle. Bei einem BMI von 14,5 und darunter muss die Ernährung von Magersüchtigen vorsichtig und unter Beachtung von Laboruntersuchungen (u.a. Elektrolyte einschließlich des anorganischen Phosphates) durchgeführt werden. In den ersten Tagen sollen nicht mehr als 20 bis 40 kcal pro kg Körpergewicht (Ist-Gewicht!) gegeben werden, weil eine zu große Kalorienzufuhr bei kachektischen Patientinnen mit schwerwiegenden Komplikationen verbunden sein kann. Ein so genanntes Realimentationssyndrom muss vermieden werden. Das bedeutet, dass die Menge an zugeführter Nahrung und Energie in den ersten Tagen oder in der ersten Woche nur langsam gesteigert werden soll.

Die erste Stufe unseres Planes sieht eine Energiezufuhr zwischen 750 und 1.050 kcal vor. In dem folgenden Plan wird eine hochkalorische Trinknahrung mit 300 kcal pro Becher (Clinutren®) zugrunde gelegt:

1. Stufe (750–1.050 kcal/Tag):
C-Frühstück (ca. 150 kcal)
+ 4-6-mal täglich einen halben Becher (600–900 kcal),
zusätzlich 1–2 Liter Flüssigkeit pro Tag (Tee + Wasser)

Bei einem BMI ab etwa 15,0 kann sofort mit Stufe 2 begonnen werden.

2. Stufe (ca. 1.650 kcal/Tag):
C-Frühstück (ca. 150 kcal)
+ 5 Becher (1.500 kcal)
(11:00 Uhr/mittags/Kaffee/Abend/Spätmahlzeit)

3. Stufe (ca. 2.000 kcal/Tag):
C-Frühstück (ca. 150 kcal)
+ 6 Becher (1.800 kcal)
(11:00 Uhr/mittags/15:00 Uhr/Kaffee/Abend/Spätmahlzeit)

4. Stufe (ca. 2.300 kcal/Tag):
B-Frühstück (ca. 350 kcal) + C-Abendessen (ca. 150 kcal)
+ 6 Becher (1.800 kcal)
(11:00 Uhr/mittags/15:00 Uhr/Kaffee/Abend/Spätmahlzeit)

5. Stufe (ca. 2.500 kcal/Tag)
B-Frühstück (ca. 350 kcal) + B-Abendessen (ca. 350 kcal)
+ 6 Becher (1.800 kcal)
(11:00 Uhr/mittags/15:00 Uhr/Kaffee/Abend/Spätmahlzeit)

Ernährungspläne mit hochkalorischer Trinknahrung empfehlen wir auch anderen klinischen Einrichtungen, wenn wir konsiliarisch zur Mitbehandlung einer magersüchtigen Patientin gebeten werden. Hochkalorische abgepackte Trinknahrung gibt es von verschiedenen Herstellern in verschiedenen Geschmacksrichtungen und kann über Apotheken bezogen werden.

Trinken: Die durchschnittliche Flüssigkeitsmenge pro Tag liegt bei 1–2 Litern. Manche Patientinnen überschreiten diese empfohlene Trinkmenge erheblich. Natürlich ist bekannt, dass einige bewusst vor dem Wiegen trinken, um ein höheres Gewicht demonstrieren zu können. Anderen scheint der Konsum von mehreren Litern Flüssigkeit täglich gar nicht bewusst zu sein. Wir raten dann, ein Trinkprotokoll zu führen, in dem die Patientinnen ihre Trinkmengen möglichst genau eintragen sollen.

Im TCE gibt es Mineralwasser und verschiedene Obstsäfte, aber keine »light«-Getränke.

## Essensstruktur

Menschen mit einer Ess-Störung haben nicht nur jegliches Maß für Art, Menge und Zusammensetzung ihrer Nahrung verloren, sie essen auch ohne jegliche vernünftige physiologische Tageszeitabfolge. Somit ist es ein Grundgesetz unseres Essprogramms, dass eine vorgegebene Zeitstruktur für die Tagklinik-Phase in Bezug auf die Einnahme von Mahlzeiten eingehalten wird. Selbstverständlich gilt eine Strukturvorgabe nicht nur für die Tagklinik-Phase im TCE – irgendwann, irgendwo, irgendetwas oder auch nichts zu essen, ist Basis jeder Ess-Störung.

<u>Mahlzeiten-Tageszeitabfolge am TCE:</u>

08:30 Uhr: Frühstück
11:00 Uhr: 2. Frühstück/Zwischenmahlzeit
12:00 Uhr: Mittagessen
14:00 Uhr: 14-Uhr-Starter/Zwischenmahlzeit
16:30 Uhr: Nachmittagskaffee/-tee
19:00 Uhr: Abendessen
22:00 Uhr: Gute-Nacht-Snack/Spätmahlzeit

Frühstück:
Käsebrot, PC

Frühstück:
Käsebrot, PB

Frühstück:
Käsebrot, PA

Frühstück:
Müsli, PB

Frühstück: Brot mit Butter, Käse und Marmelade, PB

Zwischenmahlzeit
11:00/14:00 Uhr
oder Spätmahlzeit: PA, PB und
PC

Zwischenmahlzeit
11:00/14:00 Uhr
oder Spätmahlzeit: PA, PB und
PC

Zwischenmahlzeit
11:00/14:00 Uhr
oder Spätmahlzeit: PA, PB und
PC

Mittagessen: Suppe, Brot, Butter, Salat, Saft und Schokoladenpudding, PB

Mittagessen: Kartoffeln mit Kräuterquark, Salat, Saft und Schokoladenpudding, PA

Nachtisch zum Mittagessen: PA, PB und PC

Kaffeemahlzeit
16:00 Uhr:
Butterbrezel, PB

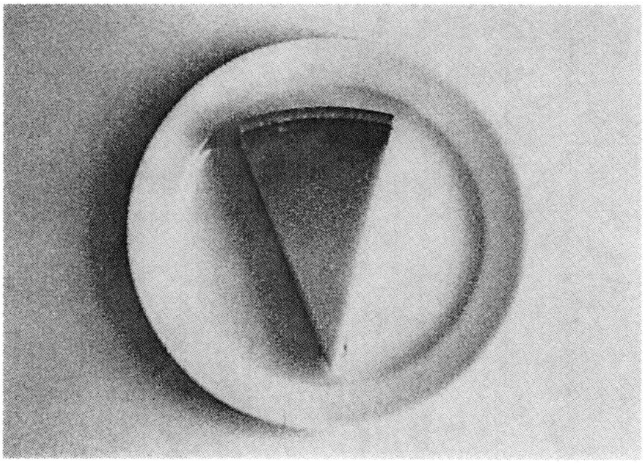

Kaffeemahlzeit
16:00 Uhr:
Kuchen, PB

Kaffeemahlzeit
16:00 Uhr:
Kuchen, PB

Abendessen:
Butterbrezel mit
Salat, PA, PB, PC

Abendessen:
Käsebrote, PC, PB,
PA

*Stündliche Ernährung:*
Haben magersüchtige Patientinnen Probleme mit der Größe der Essensportionen oder liegt die Gewichtszunahme bei weniger als 500 g/Woche, motivieren wir sie, etwa stündlich Nahrung in kleinen Mengen zu sich zu nehmen, und zwar z.B.:
08:30 Uhr: Frühstück PC
10:00 Uhr: 1 Glas Trinknahrung
11:00 Uhr: Zwischenmahlzeit/2. Frühstück PC
12:00 Uhr: Mittagessen PC
13:00 Uhr: 1 Glas Saft
14:00 Uhr: Zwischenmahlzeit/14-Uhr-Starter PC
15:00 Uhr: 1 Glas Trinknahrung

16:30 Uhr: Kaffeemahlzeit PC
18:00 Uhr: 1 Stück Obst
19:00 Uhr: Abendessen PC
20:00 Uhr: 1 Riegel Schokolade
21:00 Uhr: Spätmahlzeit/Gute-Nacht-Snack PC

Im Folgenden ist ein Tagesbeispiel für die Portionen A, B und C aufgeführt.

### Tagesbeispiel

| | PA | PB | PC |
|---|---|---|---|
| 1. Frühstück | 2 Scheiben Brot<br>15 gr Butter<br>2 TL Honig<br>1 Scheibe Käse<br><br>Kaffee, Tee, Caro, Milch, Zucker | $1^1/_2$ Scheiben Brot<br>10 gr Butter<br>1 TL Honig<br>1 Scheibe Käse<br><br>Kaffee, Tee, Caro, Milch, Zucker | 1 Scheibe Brot<br>5 gr Butter<br>1 TL Honig<br><br>Kaffee, Tee, Caro, Milch, Zucker |
| 2. Frühstück | 1 Brezel<br>5 gr Butter<br>1/2 Glas Saft oder Saftschorle | 1 Brezel<br>5 gr Butter | 1 Brezel |
| Mittagessen | 100 gr Fisch<br>70 gr Reis roh<br>150 gr Gemüse<br>100 gr Sauce<br>1 Schälchen Salat<br>150 gr Schokoladenpudding<br><br>1 Glas Mineralwasser | 100 gr Fisch<br>50 gr Reis roh<br>150 gr Gemüse<br>65 gr Sauce<br>1 Schälchen Salat<br>150 gr Schokoladenpudding<br><br>1 Glas Mineralwasser | 100 gr Fisch<br>30 gr Reis roh<br>150 gr Gemüse<br>40 gr Sauce<br>1 Schälchen Salat<br>100 gr Schokoladenpudding<br><br>1 Glas Mineralwasser |
| Zwischenmahlzeit (14 Uhr) | 1 Apfel | 1 Apfel | 1 Apfel |

| | | | |
|---|---|---|---|
| Nachmittag (Kaffeetrinken, 16:30 Uhr) | 1 Stück Rührkuchen (ca. 50 gr) 3 TL Sahne | 1 Stück Rührkuchen (ca. 40 gr) 2 TL Sahne | $^{1}/_{2}$ Stück Rührkuchen (ca. 30 gr) 1 TL Sahne |
| Abendessen | 1 Teller Suppe 1 $^{1}/_{2}$ Brötchen 15 gr Butter 1 Schälchen Salat | 1 Teller Suppe 1 Brötchen 10 gr Butter 1 Schälchen Salat | 1 Teller Suppe $^{1}/_{2}$ Brötchen 5 gr Butter 1 Schälchen Salat |
| Spätmahlzeit | 2 Doppelkekse | 1 $^{1}/_{2}$ Doppelkekse | 1 Doppelkeks |

Unser Ziel ist es, bei Magersüchtigen eine wöchentliche Gewichtszunahme von 500 g zu erreichen, Bulimikerinnen mit einem BMI im Normalbereich sollen ihr Gewicht halten und Übergewichtige 500 g pro Woche abnehmen. Selbstverständlich ist dieses Ziel nach oft jahrelanger Fehl-, Mangel-, Unter- oder Überernährung nicht bei jeder Patientin auf Anhieb zu erreichen. Magersüchtige sind oft geschockt, wenn sie gerade zu Beginn der Therapie mehr als 500 g pro Woche zunehmen. In den meisten Fällen handelt es sich um notwendige Wassereinlagerungen, nicht aber um eine reale Gewichtszunahme bei Menschen, die nicht nur ausgehungert, sondern auch ausgetrocknet sind. Es kann aber auch sein, dass Portionsgrößen im Verlauf der Therapie variiert werden, bis die für eine Patientin »richtige« Nahrungsmenge gefunden ist. Portionsänderungen werden nur im Wochenabstand und nach Rücksprache mit der Diätassistentin vorgenommen.

## Gewichtskontrolle/Wiegen

Während der ersten vier Therapiewochen wiegen sich alle Patientinnen täglich, von der 5. bis zur 8. Therapiewoche dreimal pro Woche (montags, mittwochs, freitags) – von der 9. bis 12. Therapiewoche findet das Wiegen zweimal wöchentlich (Montag und Freitag) statt. Während der letzten vier Wochen in der Tagklinik wiegen sich die Patientinnen einmal pro Woche (montags).

Beim Wiegen ist eine Krankenschwester oder Diätassistentin anwesend, um die Gewichte zu notieren, die dann in die Gewichtsverläufe in der Patientenakte eingetragen werden. Die Patientinnen wiegen sich in Unterwäsche, ohne Schmuck, Haarspangen etc. Das Wiegen erfolgt morgens nüchtern. Hat eine Patientin vor dem Wiegen schon Flüssigkeit zu sich genommen, gibt sie die Menge an – diese Trinkmenge wird dann vom Nüchterngewicht abgezogen.

Jede Patientin führt ihre individuelle Gewichtskurve. In diese Kurve tragen die Patientinnen jeden Montag ihr Gewicht ein – so ergibt sich im Verlauf der Therapie eine Gewichtskurve. Die Gewichtskurven aller Patientinnen hängen an einer Pinnwand im Wiegeraum, nach Tagklinik-Phase und ambulanter Phase getrennt. Anhand dieser Kurve können die Patientinnen ihren gesamten Gewichtsverlauf während der Therapie am TCE objektiv beurteilen. Sie geraten dadurch seltener in Gefahr, bei kurzfristigen Schwankungen mit Panik zu reagieren.

In der ambulanten Phase wiegen sich die Patientinnen alle zwei Wochen, wenn sie zur Ernährungstherapie ins TCE kommen. Auch wenn sie an der Ernährungstherapie nicht mehr teilnehmen, wiegen sich die Patientinnen weiterhin regelmäßig einmal pro Monat, solange sie am TCE in Behandlung sind. Darüber hinaus empfehlen wir, diese Wiegefrequenz auch für einen längeren Zeitraum beizubehalten, bis die Patientin das Gefühl hat, dass sich ihr Gewicht stabilisiert hat bzw. ihr »Set-Point« gefunden ist. Im TCE findet täglich eine von den Diätassistentinnen angebotene Ernährungssprechstunde statt. Die Patientinnen sind gehalten, diese zu nutzen.

## Abschiednehmen vom Symptom

Das bisher skizzierte Essprogramm ist zweifellos die Basis unserer Behandlung von Essgestörten, ob untergewichtig, bulimisch oder übergewichtig. Trotzdem reicht nach unserer Überzeugung eine Normalisierung des Gewichtes nicht aus. Alle anderen in den Symptomlisten aufgeführten krankhaften Verhaltensweisen und Praktiken wie Erbrechen, Abführmittelmissbrauch oder Einnahme entwässernder Medikamente, exzessiver Sport oder Bewegungsdrang rund um die Uhr – um nur einige zu nennen – werden alleine durch die Einhaltung des Essprogrammes oder das Transparentmachen der zugrunde liegenden Bedingungen nicht aus der Welt geschafft.

Es gilt die Regel, dass Rückfälle, wie z.B. Fressanfall oder Selbstverletzung, am folgenden Morgen in der Gruppe angesprochen werden. Gemeinsam werden dann Strategien zur Verhinderung künftiger Rückfälle diskutiert, z.B. bei »Fressdruck« Schreiben eines ABC mit Änderung der Negativbewertung einer Situation. Eine weitere Möglichkeit besteht darin, eine andere Patientin anzurufen und deren Ratschlag zu befolgen. Eine Grundregel lautet, dass nicht den ganzen Tag über Essen, Gewicht, Figur oder Erbrechen geredet werden darf, sondern nur zu dafür vorgesehenen Zeiten (Morgentreff, Mittagskritik, Ernährungstherapie, Abendtreff).

Es hat sich zu Beginn der Therapie am TCE, in dem das gestörte Essverhalten besonders im Blickpunkt des Geschehens steht, ein Ritual entwickelt, das wir »Abschiednehmen vom Symptom« nennen. In einer Gruppensitzung gibt jede Patientin einen oder mehrere Gegenstände ab, die in ihrer Krankheit eine große Rolle gespielt haben, und äußert sich dazu. Das können sein: Jeans in Kindergröße, Joggingschuhe bei exzessivem Sport, ein Gürtel, an dem das Dünnsein abgemessen wurde, Kalorientabellen, eine »Fresskleidung«, eine Körperwaage oder zu weit gewordene Kleidung. Im Sinne des ABC können u.a. zu enge Jeans, die immer wieder anprobiert werden, eine auslösende Situation dafür sein, dass an den von den Diätassistentinnen vorgegebenen Essensmengen eingespart wird.

Wir empfehlen sogar, soweit dies möglich ist, im häuslichen Milieu, im eigenen Zimmer Veränderungen vorzunehmen, um keine Assoziationen an das gestörte Verhalten zu wecken. So sollte z.B. das Fernsehgerät entfernt werden, vor dem regelmäßig die »Fressanfälle« stattgefunden haben. Nicht zuletzt weisen wir darauf hin, dass auch gehortete Medikamente (Abführmittel, entwässernde Medikamente) abgeliefert werden müssen.

## Kontrollmaßnahmen im TCE

Wie verhalten sich die Patientinnen am TCE in Bezug auf eine Gewichtszu- oder -abnahme, Einstellen der Fressattacken, des Erbrechens, des Abführmittelmissbrauchs oder extremer sportlicher Aktivitäten, werden wir bei Vorträgen und Diskussionen von Fachleuten immer wieder gefragt, und welche Kontrollmaßnahmen führen wir durch? Die Tatsache, dass wir eine Tagklinik betreiben, beweist, dass wir von sonst üblichen Kontrollen wenig halten. Natürlich werden wir von der ein oder anderen Patientin »betrogen«, z.B. dass vor dem Wiegen Wasser getrunken oder am Essprogramm eingespart oder ein Rückfall nicht besprochen wird. Trotzdem schätzen wir, dass derartige Ereignisse selten sind und wenn, dass sie sich in den ersten Wochen ereignen. Tatsache bleibt – und das seit Jahren –, dass spätestens ab dem 3. Tag alle Patientinnen am Essprogramm teilnehmen und die vorgegebenen Portionen essen. Die wichtigste Kontrollfunktion übernimmt die Gruppe. Es kommt vor, dass die Gruppe bei der einen oder anderen Patientin, die sich über einen längeren Zeitraum nicht an die Vereinbarungen hält, eine Unterbrechung der Therapie, ein »Time-out« vorschlägt mit entsprechenden Auflagen, z.B. in 14 Tagen 1 kg zuzunehmen. Bemerkenswert ist, dass fast alle Patientinnen nach 14 Tagen nach Einhaltung der vereinbarten Bedingungen ins TCE zurückkehren. Meistens ist die Compliance danach deutlich besser.

Selbstverständlich kommt es auch im TCE vor, dass trotz eingehender Information während der Motivationsphase einzelne Patientinnen die Behandlung in der Tagklinik-Phase vorzeitig beenden, allerdings wesentlich seltener, als dies in der Literatur angegeben wird.

## Essprogramm im Verlauf der Tagklinik-Phase

In der Tagklinik-Phase nehmen die Patientinnen Frühstück, Mittagessen, Kaffee-/Teemahlzeit und zwei Zwischenmahlzeiten im TCE ein. Sie bekommen Vorgaben, was sie am Abend zu Hause einschließlich Gute-Nacht-Snack essen sollen. Für Patientinnen, denen es besonders schwer fällt, sich am Abend alleine oder in der Familie zu versorgen, besteht die Möglichkeit, in kleinen Gruppen ohne Therapeuten außerhalb des TCE (im Bereich unserer therapeutischen Wohngruppen) zusammen zu essen.

Auch bei der Durchführung des Essprogramms orientieren wir uns an dem Prinzip des Selbstmanagements nach Kanfer, d.h., so viel professionelle Hilfe wie nötig und so viel Eigeninitiative der Patientinnen wie möglich! So tragen zu Beginn der Therapie die Diätassistentinnen die volle Verantwortung für die Durchführung des Essprogramms. Im Laufe der Behandlung aber geben sie diese schrittweise an die Patientinnen ab. In den letzten vier Wochen übernehmen die Patientinnen die Regie und die Diätassistentinnen stehen ihnen beratend bei Fragen zur Verfügung. Schließlich übernehmen die Patientinnen die Verantwortung voll und ganz. Sie planen die Mahlzeiten, kaufen ein, kochen eigenständig, laden das Team zu Kaffee und Kuchen ein und am Ende der Therapie zu einem feierlichen Abschiedsessen mit mehreren Gängen.

### Wie verhalte ich mich bei Buffets (Einladungen, Partys, Hochzeiten usw.)?

Probleme:

- Sich nicht entscheiden können
- Unsicherheit bei der Menge/Wie viel von was?

- Wie oft gehe ich ans Buffet?
- Wie viele Gerichte kann ich mischen?
- Ich möchte von allem!
- Was nehme ich, wenn gewählte Speisen ausgehen?

Vorschläge zum Verhalten am Buffet:

- Schauen Sie sich das Buffet in Ruhe an! Überlegen Sie, worauf Sie Lust haben und was Ihnen schmeckt!
- Können Sie sich nicht entscheiden oder wollen von allen Gerichten probieren? Schmeckt Ihnen gar nichts?
- Um eine Erleichterung zu schaffen, können Sie sich die Gerichte in Vor-, Haupt- und Nachspeisen einteilen!
- Suchen Sie sich aus jedem Bereich mindestens eine (ratsam, wenn Sie überfordert sind und am liebsten gar nichts mehr essen wollen) oder höchstens zwei (wenn Sie sich am liebsten von allem nehmen würden) aus!
- Wenn Sie sich sehr unsicher fühlen und lange nicht mehr an einem Buffet gegessen haben, ist es leichter, nur zweimal ans Buffet zu gehen. Dabei nehmen Sie sich beim ersten Mal die Vor- und Hauptspeise. Die Nachspeise holen Sie sich beim zweiten Gang.
- Fühlen Sie sich sicherer, können Sie auch mehrmals ans Buffet gehen.
- Am Anfang kann es schwierig sein, häufiger ans Buffet zu gehen, da leicht der Überblick über die Essensmenge verloren werden kann.
- Gibt es von den von Ihnen ausgesuchten Speisen nichts mehr, ist es ratsam, sich die Speisen anzuschauen, die es am Buffet noch gibt, und aus diesen erneut, wie oben beschrieben, eine Auswahl zu treffen.

Oft geht es am Buffet hektisch zu – vielleicht geraten Sie unter Druck, die optimale Auswahl zu treffen (z.B. bei sehr exklusiven, seltenen Gerichten). Dann ist es ratsam, sich zu sagen, dass man nicht jetzt unbedingt von allem haben muss, sondern immer wieder die Gelegenheit haben wird, bestimmte Köstlichkeiten zu essen, und sei es das nächste Mal in einem Restaurant.

## Essen gehen/Restaurantbesuch

Während der tagklinischen Phase gehen die Patientinnen mindestens zweimal mit zwei TherapeutInnen/Diätassistentinnen zum Essen in ein Restaurant. Dort bestellt sich jede Patientin ein Gericht und Getränk ihrer Wahl. Es sollte sich dabei um eine adäquate Mahlzeit handeln, so wie es im TCE gelernt wurde, und nicht z.B. um einen kleinen Salat und ein Glas Mineralwasser.

Möglicherweise auftretende Probleme:

- Die Speisekarte ist sehr umfangreich, sodass Schwierigkeiten beim Auswählen entstehen.
- Das gewählte Gericht ist in der Menge zu groß oder zu klein.

Folgende Vorschläge können helfen:

- Überlegen Sie sich bereits bei der Wahl des Lokals, welche Essensrichtung Ihnen leicht fällt oder was sie kennen (z.B. italienisch).
- Bei der Auswahl des Gerichtes können folgende Überlegungen zu einer leichteren Entscheidung führen:
  - Was habe ich heute schon gegessen?
  - Auf was habe ich momentan Lust?
  - Welche Gerichte kann ich mengenmäßig einschätzen?
  - Was kann ich mir auch selbst kochen?
- Wurde das Essen im Restaurant lange Zeit vermieden, ist es leichter, zu Beginn Gerichte zu bestellen, die Sie von Ihrem Strukturplan her kennen (z.B. Pizza, Suppe).
- Entsprechen die Portionen in der Größe nicht Ihrer Essensmenge, lassen Sie übrig, was zu viel ist, oder gleichen Sie die fehlende Menge durch Brot oder ein Glas Saft aus.
- Je nach Tageszeit (mittags oder abends) sollte noch ein Nachtisch bestellt werden.

Oft drängt sich der Gedanke auf: »Ich möchte am liebsten von allem probieren.« Sagen Sie sich: »Ich muss jetzt nicht von allem haben. Ich kann jederzeit wieder essen gehen!«

### Pizza-Essen

| | |
|---|---|
| **PA** | ¾ Pizza, 1 kleiner Salat, 1 Saft oder 1 große Apfelschorle<br>oder<br>1 Pizza, 1 kleiner Salat |
| **PB** | ½ Pizza, 1 kleiner Salat, 1 Saft oder 1 große Apfelschorle<br>oder<br>¾ Pizza, 1 kleiner Salat |
| **PC** | ¼ Pizza, 1 kleiner Salat, 1 Saft oder 1 große Apfelschorle<br>oder<br>½ Pizza, 2 kleiner Salat |

### McDonalds

| | |
|---|---|
| **PA** | 1 Hamburger Royal oder 1 Big Mac<br>+ mittlere Pommes<br>+ mittlere Cola |
| **PB** | 1 Hamburger Royal oder 1 Big Mac<br>+ mittlere Cola |
| **PC** | 1 Hamburger oder 1 Cheeseburger<br>+ kleine Cola |

### Biergarten

Große Brez'n + Butter: je nach Größe: ¼ Breze = ca. 1 normale Breze

Obatzda + Brot: wie Frischkäse + Brotmenge

Wurstsalat + Brot + Butter:

| | |
|---|---|
| **PA** | ganze Portion |
| **PB** | ¾ Portion |
| **PC** | ½ Portion als Hauptgericht (Mittag) |

Abendessen: Brotmenge, Butter, Wurstmenge aufs Brot

Bratwurst mit Sauerkraut + Brot:

| | |
|---|---|
| **PA** | 1 Paar Würstl, Sauerkraut + Brotmenge |
| **PB** | 1 Paar Würstl, Sauerkraut + Brotmenge |
| **PC** | 1 Stück Wurst, Sauerkraut + Brotmenge |

Fleischpflanzerl + Kartoffelsalat:

| | |
|---|---|
| **PA** | 2 Stück + 200 g Kartoffelsalat |
| **PB** | 1,5 Stück + 150 g Kartoffelsalat |
| **PC** | 1 Stück + 120 g Kartoffelsalat |

## Einladung

Bei Einladungen gibt es hauptsächlich zwei Möglichkeiten, mit denen Sie konfrontiert werden können: Entweder es gibt ein Buffet (siehe Abschnitt Buffet) oder es gibt ein Zwei- oder Drei-Gänge-Menü.

In der Regel bekommen Sie bei einer Essenseinladung die Gänge vom Gastgeber vorportioniert. Entspricht dies in etwa Ihren Essensmengen (siehe Pläne), können Sie die Portion aufessen, wie Sie sie bekommen.

Es kann Ihnen aber auch passieren, dass Sie zu viel oder zu wenig portioniert bekommen. Vergleichen Sie die Portion mit Ihrer Menge und lassen gegebenenfalls etwas übrig. Ist die Menge zu klein, lassen Sie sich beim zweiten Mal noch einmal geben und lassen dann übrig, was für Ihre Portion zu viel wäre.

Hauptsächlich finden Einladungen abends statt. Essen Sie den Nachtisch ruhig mit und planen diesen als Spätmahlzeit/Gute-Nacht-Snack ein. Bei Tageseinladungen (z.B. Hochzeit) können sich die Essenszeiten verschieben. Lassen Sie sich dadurch nicht verwirren und behalten Sie Ihre Essensmengen bei, indem Sie sich überlegen, wie Sie das Gegessene auf Ihre alltäglichen Mahlzeiten umverteilen würden.

Essen Sie Ihr Mittagessen in der Kantine oder Mensa, können Sie sich an der Struktur der vorgegebenen Pläne orientieren. Dabei suchen Sie sich jeweils einen kleinen Salat, ein Hauptgericht und eine Nachspeise aus. Hier können Sie die Gerichte wie in den vorgegebenen Plänen kombinieren.

Beispiel 1:

1 kleiner Salat
1 Schälchen Beilage (Kartoffeln, Reis, Nudeln)
1 Portion Fleisch oder Fisch oder Gemüse
1 Kelle Soße
1 Schälchen Nachtisch

Beispiel 2:

1 kleiner Salat
1 Portion Spaghetti
1 Kelle Soße
1 Nachtisch

Beispiel 3:

1 kleiner Salat (als Vorspeise)
1 Süßspeise (Reisauflauf, Apfelstrudel, Kaiserschmarrn)
kein Nachtisch

Nach diesem Prinzip können Sie alle angebotenen Speisen kombinieren.

## Nikotin und Alkohol

In den Räumen des TCE und im nahen Umfeld des Gebäudes gilt Rauchverbot. Diese Regel ist Teil unserer Vereinbarungen, die wir mit den Patientinnen vor Therapiebeginn am Ende der Motivationsphase treffen. Wir haben in früheren Jahren die Erfahrung gemacht, dass es vor allem bei bulimischen Patientinnen mit Einstellen des gestörten Essverhaltens zu einer deutlichen Zunahme des Zigarettenkonsumes kommt. Aus diesem Grund bieten wir eine Raucher-Entwöhnungsgruppe an.

Es gibt im TCE auch keinen Alkohol zu trinken. Während der Tagklinik-Phase werden die Patientinnen dazu angehalten, überhaupt keinen Alkohol zu konsumieren. Vor allem diejenigen, die während der bulimischen Phase Alkohol getrunken haben, um leichter erbrechen zu können, werden nachdrücklich auf die Gefahren der drohenden Abhängigkeit hingewiesen. Das Gleiche gilt natürlich auch für einen Missbrauch von Drogen aller Art. Bestehende Alkohol- und Drogenabhängigkeit sind eine Kontraindikation für eine Therapie am TCE.

## Sich bewegen und entspannen

Für viele Menschen mit einer Ess-Störung, ob Magersucht oder Bulimie, steht das Symptom »exzessive Bewegung«, um Kalorien zu verbrauchen, an erster Stelle ihrer Symptomliste. Dahinter verbirgt sich Leistungssport jeglicher Art, wie z.B. Joggen, Marathonlauf, Surfen, Schwimmen, Radfahren oder auch stundenlanges Training im Fitness-Studio. Begleitet werden diese sportlichen Betätigungen von dem Bestreben, Ausdauer und Anstrengung möglichst weiter zu steigern und körperliche Schwächen zu ignorieren oder sie sogar mit noch härterem Training zu beantworten. Hinzu kommt, dass Magersüchtige ihren Schlaf häufig auf ein Minimum reduzieren, üblicherweise sitzende Tätigkeiten im Stehen ausüben und wenn möglich von morgens bis abends auf den Beinen sind. Manche müssen sich etwa einen Apfel in der Schulpause dadurch »verdienen«, dass sie vorher in der Toilette 100 Kniebeugen oder Sit-ups machen, und das alles bei ohnehin stark reduzierter Kalorienzufuhr. Ein dazu konträres Verhalten zeigen Übergewichtige: Sie sitzen, wo immer es möglich ist, benutzen Rolltreppen und Fahrstühle, treiben keinerlei Sport und vermeiden überflüssige Bewegungen.

Die Therapie am TCE verfolgt mit dem dargelegten Essprogramm für alle Essgestörten das Ziel, die abnorme Kalorienzufuhr, ob zu wenig oder zu viel, zu normalisieren. Selbstverständlich muss alles versucht werden, auch den Kalorienverbrauch dem Ziel einer Gewichtszunahme oder einer Gewichtsabnahme anzupassen, also das Ausmaß der Bewegungen zu reduzieren oder zu steigern.

Magersüchtige Patientinnen sollen ihren Bewegungsdrang, der sie von morgens bis abends in Atem hält, deutlich einschränken. Sportliche Aktivitäten mit Leistungssportcharakter sind vor allem bei starkem Untergewicht zunächst ganz einzustellen. Für übergewichtige Patientinnen gilt das Gegenteil: Wir versuchen, sie zu mehr Bewegung im täglichen Leben anzuregen wie Treppensteigen anstelle von Aufzugfahren, Radfahren anstelle von U-Bahn-Fahren, kleine Spaziergänge anstelle von Fernsehen. In Bezug auf sportliche Aktivitäten bieten wir Übergewichtigen zunächst ein wenig belastendes Bewegungsprogramm an, das allmählich gesteigert wird, wie z.B. ein definiertes Training am Fahrrad-Ergometer.

Bewegung nicht als Kalorien verbrauchende Muskeltätigkeit, sondern als Mittel zur Wahrnehmung des eigenen Körpers und zur Entspannung spielt in unserem Therapiekonzept eine wesentliche Rolle. Die meisten Essgestörten haben ein sehr problematisches, teilweise sogar feindliches Verhältnis zu ihrem Körper, das über die im DSM-IV für die Diagnose Anorexia nervosa geforderte Körperschemastörung weit hinausgeht. Ekelgefühle dem eigenen Körper gegenüber verhindern seine sinnliche Wahrnehmung, verbieten wohltuende Berührungen und führen zur Vermeidung seiner Pflege. Bewegungen, vor allem von Magersüchtigen, wirken oft erschreckend marionettenhaft, ungelenk und unharmonisch. Behutsame Übungen zur spielerischen Wahrnehmung des eigenen

Körpers, vorsichtige Annäherungen an Gruppenmitglieder, Übungen zur Entspannung gehören ebenso zum Programm wie regelmäßige rhythmische Bewegungen und Tanz. Der therapeutische Alltag im Therapie-Centrum für Ess-Störungen beginnt mit Tanzen und endet mit Tanzen.

Für die Zeit nach der Behandlung im TCE raten wir unseren Patientinnen und Patienten, dass sie Sportarten, die zu ihren Symptomen gehört haben, wie z.B. Joggen, künftig vermeiden sollen. Gruppenspiele halten wir für weitaus geeigneter, dem Bewegungsdrang Essgestörter Raum zu geben, als Leistungssport jeglicher Art oder stundenlanges autistisches Training in Fitness-Studios.

## Anleitungen zur sinnlichen Wahrnehmung

Essgestört sein bedeutet starke Einengung auf ein schmales Stück unnatürlichen Lebens. Das Denken der Betroffenen ist auf die Ess-Störung konzentriert. Hunger und Völlegefühl sind oft die einzigen Gefühle, die noch gespürt werden, und über die Gemütslage entscheidet die Zahl auf der Waage. Menschen mit einer Ess-Störung nehmen die Welt um sich herum kaum mehr wahr.

Magersüchtige oder Bulimikerinnen essen in Abhängigkeit vom Kaloriengehalt der Nahrungsmittel oder sie verschlingen wahllos Unmengen in der bulimischen Phase. Beides hat mit Essen nichts zu tun. Ein Essen genießen, sich an einem Essen freuen können wir auch dann, wenn wir nicht an einer Festtafel essen, ein lukullisches Mahl verzehren oder unsere Lieblingsspeisen vorgesetzt bekommen. Natürlich ist es unmöglich, dass wir uns an jeder Mahlzeit gleichermaßen erfreuen. Manches, was wir vorgesetzt bekommen, schmeckt uns eben nicht. Aber die Fähigkeit, Nahrung zu genießen oder zumindest sich darum zu bemühen, halten wir für erstrebenswert. Essen kann mit einer sinnlichen Wahrnehmung einhergehen. Ich kann einen Apfel nehmen, ihn in der Hand halten, ihn anschauen und beriechen, ich kann ihn auseinander brechen oder schneiden und schälen oder einfach hineinbeißen. Ich kann das süße Aroma schmecken oder das säuerlich-saftige, der Apfel kann mir zu mehlig sein oder gerade recht, sein Geschmack kann mich an einen früheren Apfel erinnern oder ich finde vielleicht, dass der Apfel fad schmeckt. Jedenfalls sehe, rieche, schmecke, spüre ich den Apfel oder irgendeine andere Frucht, die ich nicht einfach »zu mir nehme« und hinunterschlinge, sondern mit wachen Sinnen esse, und so ist es mit vielen Produkten, die ich für meine tägliche Ernährung brauche. Schon das Einkaufen kann Spaß machen, ob viel oder wenig, ob teuer oder preisgünstig, spielt keine Rolle. Das Auswählen ist wichtig: Ob ich eine Melone oder eine Avocado oder eine andere Frucht für heute suche oder erst für morgen – ich muss lernen zu erkennen, wann ein Käse am besten ist, welches Brot mir am besten schmeckt oder welcher Schinken. Auf einem Markt einzukaufen ist eine gute Gelegenheit, seine sinnliche Wahrnehmung zu trainieren, und bedeutet Freude für den, der sich darauf einlässt.

Das Wichtigste ist zu lernen, sich selbst wahrzunehmen. Irgendwo muss man damit beginnen, z.B. mit der Haut. Magersüchtige wirken oft alt, die Haut wird trocken, schuppig und unelastisch, weil das Fettgewebe schwindet und zu wenig Flüssigkeit vorhanden ist. Ein Außenstehender könnte meinen, den Magersüchtigen ist das alles egal – vielleicht deshalb, weil sie sich sowieso hässlich finden, und da kommt es auf die Haut auch nicht mehr an. Es wäre aber eine Chance, mit einer Änderung zu beginnen, nicht zuletzt, weil es sein kann, dass die Hautveränderungen eines Tages nicht mehr verschwinden, auch wenn sich das Körpergewicht normalisiert hat. Dabei ist es so wichtig, eine einigermaßen gepflegte Haut zu haben, nicht nur wegen des Aussehens. Unsere Haut ist ein sehr wichtiges Sinnesorgan. Mit der Haut spüren wir die Umwelt, wir nehmen die Luft wahr und die Temperatur, wir spüren den Wind, den angenehm kühlen Luftzug, wenn es heiß ist, oder die eisige Luft im Winter, oder wir spüren den Sand unter den Fußsohlen, oder den Waldboden, oder Kieselsteine oder einen Teppich, oder die Holzdielen, oder den Steinboden. Wieder kommt es nicht darauf an, ob etwas als angenehm oder unangenehm empfunden wird oder sogar als schmerzhaft. Wichtig ist allein, etwas wahrzunehmen und sich bewusst zu machen. Dann können wir uns etwas Angenehmes aussuchen, wenn wir darauf Lust haben, z.B. ein warmes Bad spüren oder das kühle Leintuch oder eine besonders weiche Wolle auf der Haut oder eine gut riechende Creme.

Wir versuchen, unseren Patientinnen zu vermitteln, wie wichtig es ist zu lernen, sich selbst zu spüren, den eigenen Körper wahrzunehmen. Dazu gehört auch Körperpflege, nicht nur aus hygienischen Gründen, sondern, weil es angenehm ist, den eigenen Körper wahrzunehmen und ihm ab und zu etwas Gutes zu tun. Es kann schön sein, sich der eigenen Kraft oder Geschicklichkeit oder einer bestimmten Bewegung bewusst zu werden, oder die Müdigkeit vor dem Einschlafen zu genießen oder sich zu entspannen.

Das alles ist erlernbar. Wir können unseren Patientinnen zeigen, wie sie ihre Umwelt mit ihren Sinnen in sich aufnehmen können, wie sie mit ihren Fingern erkunden können, aus welchem Material Gegenstände gemacht sind, ob aus Holz, aus Stein oder Plastik, und wie man sie unterscheiden kann, ohne hinzuschauen. Wir können anregen, eine Baumrinde zu spüren oder das Wetter zu beobachten, die Bewegung der Wolken und den Wechsel von Licht und Schatten. Wir können sie ermuntern, sich die Umwelt auch über das Gehör bewusst zu machen, nicht nur laute Musik zu hören, sondern auch leise verklingende Töne wahrzunehmen, ein Rascheln, ein Knattern oder ein Summen, die vielen verschiedenen Geräusche von der Straße, in einem Haus oder im Wald.

Ein unverzichtbarer Bestandteil unserer Arbeit mit essgestörten Menschen ist, sie zu lehren, sich selbst und ihre Umgebung mit wachen Sinnen wahrzunehmen.

# 6. Essprogramm am TCE aus der Sicht von Patientinnen

»Ich habe gelernt, 7 Mahlzeiten, d.h. 3 Haupt- und 4 Zwischenmahlzeiten, zu mir zu nehmen – ich habe verlernt, irgendwann irgendetwas in großen Mengen zu essen. Morgens esse ich z.B. Cornflakes, Müsli, Brötchen, Brot oder Brezeln, zur Zwischenmahlzeit Obst, Schokolade, Kekse, Milch oder Saft. Mein Mittagessen besteht immer aus Hauptgericht, Salat und Nachtisch, z.B. eine Portion Nudeln mit Salat und Nachtisch. Zur zweiten Zwischenmahlzeit esse ich Nüsse, Obst, Saft, Buttermilch oder Eis, zum Kaffee Kuchen, Brezeln, Brot, Brötchen, Eis oder Müsli. Das Abendessen besteht aus Hauptspeise und Salat, z.B. eine Portion Reis mit Gemüse oder Suppe und Brot und Salat. Zur Spätmahlzeit gibt es dann entweder Obst, Joghurt oder Gummibärchen. Ich esse keine Light- oder Magerprodukte mehr – jede Mahlzeit hat ihre Menge, an die ich mich halten möchte.«

❖

»Seitdem ich geregelte Mahlzeiten einnehme, fühle ich mich in meinem Körper sehr viel wohler. Ich bin inzwischen schon ganz schön oft echt lebenslustig, und in solchen Momenten schaffe ich es gut, an Süßigkeitenautomaten total gelassen vorbeizugehen. Dabei fühle ich mich so richtig überlegen! Natürlich gibt es auch Momente, in denen ich mich gehen lassen will. Ich denke dann an Therapieabbruch und wo ich in der Pause Schokolade herkriege und werde sehr aggressiv den anderen gegenüber. Manchmal denke ich mir bei meinem Giergefühl aber auch: Das Fressen war einmal – nie wieder! Außerdem erkenne ich häufig sehr schnell die eigentlichen Probleme, die sich auf meine Gier nach Essen übertragen. Sport fällt mir noch sehr schwer, weil ich mich dabei wahnsinnig träge, behäbig, trampelig, schnaufend, wabbelig, unsportlich und lächerlich fühle, was bei mir sehr starken Selbsthass auslöst. Auch das gute Gefühl hinterher macht nicht viel davon wett. Der irreale Gedanke einer möglichst schlanken Figur, und das möglichst schnell, löst sich immer mehr auf, und ich neige nicht mehr so stark dazu, von einem Extrem ins nächste zu fallen. Meine Ziele heißen: Ich möchte mich gedanklich immer mehr vom Thema Essen entfernen. Ich möchte bei Fressdruck mein eigentliches Problem erkennen und versuchen, meine Situation zu verbessern. Ich möchte negative und irreale Gedanken aufdecken und durch positive ersetzen. Ich möchte mir in schwierigen Situationen vor Augen halten, was ich auf Essensebene schon alles geschafft habe. Ich habe durch gesundes und bewusstes Essverhalten inzwischen langsam 10 Pfund abgenommen und damit meinem Körper viel Gutes getan.«

❖

»Manchmal macht es mir Probleme, die gegessenen Lebensmittel zu spüren und zu ertragen, und ich beginne zu grübeln, zu verrechnen und mich schuldig und eklig zu fühlen. Ich überlege dann, wo ich etwas einsparen oder weglassen könnte, was ich aber nicht mache. Sicherlich hängen meine Essprobleme mit meinem schlechten Körpergefühl und der stetigen Gewichtszunahme zusammen. Ich finde es einfach schrecklich, so viel zu wiegen und wieder so plump und rund zu sein, aber da muss ich wohl durch, und vor allem endlich glauben, was mir die anderen sagen, dass ich immer hübscher werde, nachdem ich nicht mehr so aussehe wie ein Gerippe.«

❖

»Die Essensstruktur ist eine große Hilfe für mich. Ich esse aber auch manchmal andere Dinge, die nicht auf dem Plan stehen. »Verbotene« Lebensmittel gibt es im Wesentlichen nicht mehr. Spätmahlzeiten variiere ich nach Lust und Appetit, jedoch abwechslungsreich. Ich habe wieder Gefallen an warmen Mahlzeiten, auch am Abend. Manchmal gehe ich essen und da merke ich, dass ich lieber mal was anderes esse als immer nur Salat und Suppe. Mit meinem Gewicht fühle ich mich nicht ganz so glücklich. Die 63,1 kg machen mich doch etwas traurig. Gern würde ich 60 bis 61 kg wiegen, aber ich bin der Überzeugung, dass ich von den Essensmengen her meinen Set-Point erreicht habe. Insgesamt ist mein Körpergefühl recht gut, und ich kann mein Gewicht akzeptieren. Geht es mir aber schlecht, dann wirkt sich mein Gewicht wieder negativ auf mein Selbstwertgefühl aus. In diesen Situationen taste ich wieder Bauch, Po, Beine und Hüfte ab und begutachte mich kritisch und abwertend. Aber auch das werde ich noch in den Griff bekommen.«

❖

»Seitdem ich im TCE bin, fällt mir das Essen wesentlich leichter. Ich halte mich an die vorgegebene Essensstruktur, und das ist gut so. Vor allem in Stress-Situationen oder wenn ich traurig bin, ist mir die Essensstruktur ein großer Halt, weil ich in solchen Situationen am liebsten wieder gar nichts essen oder Mahlzeiten ausfallen lassen würde. Am Anfang der Therapie hatte ich oft noch das Bedürfnis, weiterzuessen und dann wieder zu erbrechen. Jetzt, wo sich mein Essverhalten verbessert hat, merke ich, wie viele Gefühle und Probleme zum Vorschein kommen. Meine Gedanken kreisen nicht mehr so stark um das Essen, manchmal vergesse ich sogar, was ich als Zwischenmahlzeit gegessen habe. Ich muss mir keine Sorgen machen, wann, was oder wie viel ich essen darf. Die Gruppe gibt mir Sicherheit, und ich freue mich sogar darüber, wieder Kuchen, Eis und Nudeln essen zu dürfen, ohne dabei ein schlechtes Gewissen zu haben. Das hätte ich mir niemals vorstellen können! Mittlerweile klappt es auch besser mit dem Einkaufen. Ich stehe nicht mehr stundenlang vor den Regalen und überlege, was ich nehmen soll. Wenn ich durch die Stadt gehe, machen mich Bäckereien nicht mehr so nervös und unruhig. Ich merke auch, dass ich mich beim Essen wieder konzentrierter unterhalten kann, weil das Essen nicht mehr so wichtig ist. Alleine essen mag ich noch nicht so gerne, deshalb suche ich meistens die Gesellschaft der anderen. Mein Symptom Kotzen habe ich ganz aufgegeben. Die Kontrolle über das Essen ist deutlich besser geworden. Selbst verletzt habe ich mich in der Zeit der Therapie auch nicht mehr. Mein Körpergefühl ist ganz gut. Ich kann mich akzeptieren, was natürlich nicht jeden Tag gleich ist.«

❖

»Seitdem ich nach Struktur esse, fühle ich mich stärker und selbstbewusster. Ich spüre viel mehr und schmecke auch deutlicher. Auch habe ich beobachtet, dass anstelle von Essen–Kotzen–Nichtessen viel mehr Emotionen spürbar werden – oft eine große Traurigkeit und Wut. Aber ich bin zuversichtlich, was meine Zukunft angeht. Natürlich achte ich darauf, dass ich mich nicht in Situationen begebe, in denen ich früher gefressen hätte. Ich bezeichne dies nicht als Mich-Austricksen, sondern vielmehr als Mich-selbst-Unterstützen. Seit ich im TCE bin, esse ich kaum noch alleine, auch nicht am Abend. Das ist eine sehr schöne und gute Erfahrung für mich – es schmeckt einfach besser in Gesellschaft anderer. Manchmal spüre ich aber noch den inneren Druck, mehr oder weniger zu essen, aber dann lenke ich mich sofort ab und hinterfrage meinen Fressdruck. Normalerweise erkenne ich die Situation gleich und spreche mir selber Mut zu. Ich merke auch, dass ich zunehmend die Angst vor dem Essen verliere. Ich entscheide, wann ich esse. Ich denke, dass das Essen nicht mehr Richtschnur meiner Tages- und Lebensplanung ist.«

❖

»In den letzten zwei Monaten geht es mir mit dem Essen ziemlich gut. Ich habe keinen Heißhunger mehr, weil ich regelmäßig Mahlzeiten zu mir nehme. Dadurch fällt es mir auch nicht mehr schwer, mich zu entscheiden, was ich essen möchte und darf. Allerdings halte ich mich noch ganz genau an die Essensstruktur, manchmal zwanghaft genau, so wie ich es im TCE gelernt habe. Das ist eine riesige Hilfe, aber irgendwann sollte ich anfangen, mich von der Struktur zu lösen und auf mein Hungergefühl zu achten.«

❖

»Mit dem Essen geht es mir im Moment recht gut. Ich habe seit Monaten keinen Fressdruck mehr und komme mit meinen Portionen aus dem TCE sehr gut zurecht. Ich bin satt und verspüre nur vor dem Frühstück Hunger. Ab und zu habe ich allerdings noch Probleme damit, ob und wie viel Milch und Zucker oder Honig ich mir in den Tee tue. Auch fällt es mir noch schwer, einen Kakao einfach so zwischendurch zu trinken, wenn ich Lust darauf habe. Ich esse jetzt langsam, schlinge nicht mehr, esse keine Light-Produkte, denke nicht mehr über Essen nach und habe es schon geschafft, wieder im Restaurant zu essen. Das Schwimmen zweimal pro Woche tut mir sehr gut und entspannt mich«.

❖

»Seit dem TCE esse ich sehr oft mit anderen. In Gesellschaft bin ich nicht so in Gefahr, das Essen wichtiger zu nehmen, als es ist.«

❖

»Es waren zwei aus meiner Klasse, die mich überredet haben, eine Therapie im TCE zu machen, eine davon war auch einmal magersüchtig. Jetzt, nachdem ich wieder in der Schule bin, helfen mir alle sehr. Sie laden mich ein und wollen viel von der Therapie wissen. Irgendwie, glaube ich, ist es nicht mehr so ›in‹ und ›cool‹ wie vorher in der Klasse, möglichst die Dünnste zu sein.«

❖

»Zu Beginn der Therapie im TCE musste ich mich damit abfinden, dass ich nur in 500-gr-Schritten abnehmen durfte. Andererseits merkte ich, als ich dann abnahm, dass ich ganz stark auch an meinem Speckpanzer hing und er durchaus seine Funktion hatte. Oft hatte ich Gedanken des schnellen Abnehmens zur gleichen Zeit im Kopf wie den Wunsch nach unbegrenztem Essen. Auch dachte ich am Anfang noch, dass ich in der ambulanten Phase wieder mein eigenes Ding drehen könnte. Meine jetzige Meinung dazu ist, dass ich auf gar keinen Fall wieder in die Ess-Störung reinrutschen möchte – nie wieder! Dass das nur von mir abhängt, ist mir nach meinem Rückfall im vierten Monat ganz klar geworden. Ich kann mir im TCE Hilfe holen, aber die Entscheidung liegt bei mir. Seit einer Woche stelle ich mir jeden Morgen bewusst die Frage, ob ich mich für oder gegen die Krankheit entscheide und ob ich auch die zeitweilig negativen Konsequenzen, z.B. Gefühle von Leere und Einsamkeit, in Kauf nehmen möchte. Meine Figur ist mir insofern wichtig, als ich Wert auf schöne Kleidung lege, die es meistens nur bis zu einer bestimmten Kleidergröße gibt. Ich empfinde es als erniedrigend und frustrierend, wenn ich mir nicht das kaufen kann, was ich möchte. Außerdem möchte ich nicht, dass mich mein Körper beim Sport behindert. Eine weibliche Figur mit Rundungen akzeptiere ich. Das Rauchen möchte ich auf gar keinen Fall wieder anfangen, sonst begebe ich mich vom Regen in die Traufe. Ich halte mir immer vor Augen, was ich schon alles geschafft habe: Ich habe bisher 8 kg abgenommen. Ich kann Lebensmittel wie Süßigkeiten auf Vorrat zu Hause haben und muss nicht alles sofort aufessen. Ich kann die früher verbotenen Lebensmittel, die ich nur in der Zunehmphase aß, heute mit Genuss essen. Ich bin es mir wert, meinem Körper und meiner Gesundheit nicht weiter zu schaden und dafür viel zu investieren. Wesentlich ist für mich: Ich habe im TCE gelernt, dass es viel wichtiger ist, Menschen zu haben, die mir viel mehr bedeuten als Essen zu verschlingen.«

❖

»Im TCE konnte ich zuerst die Verantwortung und Sorge für mein Essen an die Diätassistentinnen abgeben. Das empfand ich als ungemein erleichternd und befreiend, um endlich einen freien Kopf für meine wirklichen Probleme zu haben. Inzwischen fühle ich mich total verantwortlich für mich, auch was mein Essen angeht. Allerdings habe ich in der ambulanten Phase immer noch die Möglichkeit, auftauchende Essensprobleme zu klären und mir rechtzeitig Rat zu holen, bevor es zu Gewissensbissen oder Rückfällen kommen kann. Außerdem esse ich, so oft es geht, mit Leuten aus der Gruppe. Wir gehen zusammen essen oder laden uns gegenseitig ein.«

❖

»Ich wohne allein und komme mithilfe der Essensstruktur ganz gut zurecht. Langsam fange ich an, etwas lockerer mit den Essensplänen umzugehen und neue Nahrungsmittel auszuprobieren, das macht mir viel Spaß. Am schwersten fällt es mir noch, bei meinen Eltern zu Hause zu essen, vor allem dann, wenn ich genau spüre, wie mein Vater mich beobachtet und in seinem überheblichen Blick so etwas aufkommt wie: Na endlich ist sie vernünftig geworden und isst wieder so, wie es sich gehört. Dann möchte ich am liebsten sofort Messer und Gabel hinschmeißen, nicht weiteressen, aufspringen und wieder alles rauskotzen. Ich habe es bisher nicht getan, sondern mir in solchen Situationen gut zugeredet und mir gesagt, ich habe die Therapie für mich, nicht für meine Eltern gemacht. Den Rat aus meiner ambulanten Gruppe, die Besuche zu Hause auf ein Minimum zu beschränken, werde ich befolgen.«

❖

»Geschafft habe ich bisher, dass ich keine Waage zu Hause habe – Wiegen nur im TCE! In 11 Monaten hatte ich keinen Rückfall, mache beim Essen kein Fernsehen oder Radio an, habe eine sichere Hand bei den Essensmengen, esse wieder alle Lebensmittel, kann problemlos Essen gehen oder Einladungen annehmen – ich halte es drei Wochen ganz ohne Wiegen aus, spüre Hunger und Sättigung und lasse meinen Körper zurzeit einfach selber machen – auf der Suche nach dem Set-Point.

# 7. Beispiele für Mahlzeiten und Rezepte

## Beispiele für Mahlzeiten:

### 1. Frühstücksbeispiele

Brot, Butter, Belag (Käse, Wurst, Honig, Marmelade)

| | |
|---|---|
| **PA** | 2 Scheiben Brot (80 g), 15 g Butter<br>1 Scheibe Käse o. 1 Scheibe Wurst<br>2 TL Honig o. 2 TL Marmelade<br>(1 Scheibe Käse/Wurst kann durch 1 Ei ersetzt werden, 5 g Butter können – unter Honig o. Marmelade – durch 1 TL Frischkäse ausgetauscht werden. |
| **PB** | $1^1/_2$ Scheiben Brot (60 g), 10 g Butter<br>1 Scheibe Käse o. 1 Scheibe Wurst<br>1 TL Honig o. 1 TL Marmelade |
| **PC** | 1 Scheibe Brot (40 g), 5 g Butter<br>1 Scheibe Käse o. 1 Scheibe Wurst<br>1 TL Honig o. 1 TL Marmelade |

Brötchen, Butter, Belag (Käse, Wurst, Honig, Marmelade)

| | |
|---|---|
| **PA** | 1 1/2 Brötchen, 15 g Butter<br>1 Scheibe Käse o. 1 Scheibe Wurst<br>2 TL Honig o. 2 TL Marmelade<br>(1 Scheibe Käse/Wurst kann durch 1 Ei ersetzt werden, 5 g Butter können – unter Honig o. Marmelade – durch 1 TL Frischkäse ausgetauscht werden. |
| **PB** | 1 Brötchen, 10 g Butter<br>1 Scheibe Käse o. 1 Scheibe Wurst<br>1 TL Honig o. 1 TL Marmelade |
| **PC** | 1/2 Brötchen, 5 g Butter<br>1 Scheibe Käse o. 1 Scheibe Wurst<br>1 TL Honig o. 1 TL Marmelade |

Müsli

| | |
|---|---|
| **PA** | 6 EL Flocken (Hafer, Gerste, Roggen)<br>1 EL Nüsse o. Samen o. Kerne (Sonnenblumen, Kürbis, Cashew etc.)<br>3 EL Quark o. Joghurt<br>1/2 St. Obst<br>1 TL Honig<br>1 EL Sahne |
| **PB** | 4 EL Flocken<br>1 EL Nüsse o. Kerne<br>2 EL Quark o. Joghurt<br>1/2 St. Obst<br>1 TL Honig |
| **PC** | 3 EL Flocken<br>2 EL Quark o. Honig<br>1/2 St. Obst<br>1 TL Honig |

Butterbrezel

| | |
|---|---|
| **PA** | 2 Brezeln<br>15 g Butter |
| **PB** | $1\,^1/_2$ Brezeln<br>10 g Butter |
| **PC** | 1 Brezel<br>5 g Butter |

Cornflakes, Frosties etc.

| | |
|---|---|
| **PA** | 2 T. Cornflakes o. ä.<br>2 T. Milch<br>1 TL Zucker<br>1 TL Sahne |
| **PB** | $1\,^1/_2$ T. Cornflakes o. ä.<br>1 T. Milch<br>1 TL Zucker |
| **PC** | 1 T. Cornflakes<br>$^3/_4$ T. Milch<br>1 TL Zucker |

Zu allen Frühstücksvarianten: Getränke nach Wahl!

## 2. Beispiele für Zwischenmahlzeiten (2. Frühstück oder 14-Uhr-Starter)

Butterbrezel

| | |
|---|---|
| **PA** | 1 Brezel<br>10 g Butter |
| **PB** | 1 Brezel<br>5 g Butter |
| **PC** | 1 Brezel oder<br>$^1/_2$ Brezel + 5 g Butter |

Joghurt mit Honig

| | |
|---|---|
| **PA** | 250 g Joghurt<br>1 EL Sahne<br>1 TL Honig |
| **PB** | 250 g Joghurt<br>1 TL Honig |
| **PC** | 200 g Joghurt<br>1 TL Honig |

Nüsse und Saft

| | |
|---|---|
| **PA** | 1 Glas Saft*<br>3 EL Nüsse |
| **PB** | 1 Glas Saft*<br>2 EL Nüsse |
| **PC** | 1 Glas Saft*<br>1 EL Nüsse |

* 1 Glas Saft kann durch 1 Stück Obst ausgetauscht werden.

Nüsse ohne Saft

| | |
|---|---|
| **PA** | 4 EL Nüsse |
| **PB** | 3 EL Nüsse |
| **PC** | 2 EL Nüsse |

Kinderriegel, Müsliriegel etc.

| | |
|---|---|
| **PA** | 1 Riegel |
| **PB** | 1 Riegel |
| **PC** | 1 Riegel |

Kakao

| | |
|---|---|
| **PA** | 1 Glas Milch<br>2 TL Kakaopulver |
| **PB** | 1 Glas Milch<br>2 TL Kakaopulver |
| **PC** | 1 Glas Milch<br>1 TL Kakaopulver |

Obst

| | |
|---|---|
| **PA** | 1 Stück Obst |
| **PB** | 1 Stück Obst |
| **PC** | 1 Stück Obst |

Saft

| | |
|---|---|
| **PA** | 1 Glas Saft |
| **PB** | 1 Glas Saft |
| **PC** | 1 Glas Saft |

## 3. Mittagessenbeispiele

Brotmahlzeit

| | |
|---|---|
| **PA** | 1 Scheibe Brot + $1^1/_2$ Brötchen<br>3 TL Butter<br>3 Scheiben Belag (Schnittkäse, Aufschnittwurst)<br>2 Essiggurken<br>1 Schälchen Tomatensalat (ca. 150 g) |
| **PB** | 1 Scheibe Brot +1 Brötchen<br>2 TL Butter<br>2 Scheiben Belag (Schnittkäse, Aufschnittwurst)<br>2 Essiggurken<br>1 Schälchen Tomatensalat (ca. 150 g) |
| **PC** | 1 Scheibe Brot + $^1/_2$ Brötchen<br>1 TL Butter<br>$1^1/_2$ Scheiben Belag (Schnittkäse, Aufschnittwurst)<br>2 Essiggurken<br>1 Schälchen Tomatensalat (ca. 150 g) |

Gemüsesuppe, Salat

| | |
|---|---|
| **PA** | 1 Teller Gemüsesuppe (250 ml)<br>$1^1/_2$ Brötchen<br>3 TL Butter<br>1 Schälchen Salat (30 g Blattsalat, 150 g Gemüsesalat) |
| **PB** | 1 Teller Gemüsesuppe (250 ml)<br>1 Brötchen<br>2 TL Butter<br>1 Schälchen Salat (w.o.) |
| **PC** | 1 Teller Gemüsesuppe (250 ml)<br>$^1/_2$ Brötchen<br>1 TL Butter<br>1 Schälchen Salat (w.o.) |

Spaghetti mit Tomatensauce und Salat

| | |
|---|---|
| **PA** | 100 g Spaghetti roh (= 300 g gekocht)<br>100 ml Tomatensauce (= 1 Schöpfkelle)<br>1 TL Parmesan<br>1 Schälchen Salat (30 g Blattsalat, 150 g Gemüsesalat) |
| **PB** | 70 g Spaghetti roh (= 210 g gekocht)<br>70 ml Tomatensoße (= $^{3}/_{4}$ Schöpfkelle)<br>1 TL Parmesan<br>1 Schälchen Salat (w.o.) |
| **PC** | 50 g Spaghetti roh (= 150 g gekocht)<br>50 ml Tomatensauce (= $^{1}/_{2}$ Schöpfkelle)<br>1 TL Parmesan<br>1 Schälchen Salat (w.o.) |

Reis mit gemischtem Gemüse, Currysoße

| | |
|---|---|
| **PA** | 70 g Reis roh<br>150 g Gemüse (z.B. Karotten, Erbsen, Blumenkohl, Paprika, auch TK-Gemüse ist gut geeignet)<br>1 EL Pflanzenöl (zum Andünsten des Gemüses)<br>100 ml Currysauce (= 1 Schöpfkelle)<br>1 Schälchen Salat (30 g Blattsalat, 150 g Gemüsesalat) |
| **PB** | 50 g Reis roh<br>150 g Gemüse<br>1 EL Pflanzenöl<br>70 ml Currysauce (= $^{3}/_{4}$ Schöpfkelle)<br>1 Schälchen Salat (w.o. |
| **PC** | 30 g Reis roh<br>150 g Gemüse (w.o.)<br>1 EL Pflanzenöl<br>50 ml Currysauce (= $^{1}/_{2}$ Schöpfkelle)<br>1 Schälchen Salat (w.o.) |

Kartoffeln mit Quark

| | |
|---|---|
| **PA** | 200 g Kartoffeln<br>150 g Quark 20%<br>50 g rohes Gemüse (Kohlrabi, Karotten, Gurke)<br>1 TL frische Kräuter (oder TK), Salz, Pfeffer<br>1 Schälchen Salat (30 g Blattsalat, 150 g Gemüsesalat) |
| **PB** | 150 g Kartoffeln<br>210 g Quark, 20%<br>50 g rohes Gemüse<br>1 TL frische Kräuter (oder TK), Salz, Pfeffer<br>1 Schälchen Salat (w.o.) |
| **PC** | 120 g Kartoffeln<br>100 g Quark, 20%<br>50 g rohes Gemüse<br>1 TL frische Kräuter (oder TK), Salz, Pfeffer<br>1 Schälchen Salat (w. o.) |

Griechischer Salat

| | |
|---|---|
| **PA** | $^{1}/_{6}$ Kopf Eissalat<br>1 Tomate<br>$^{1}/_{5}$ Gurke<br>1 EL Oliven<br>Zwiebelringe nach Geschmack<br>100 g Schafskäse<br>Essig, Öl, Salz, Pfeffer, Kräuter<br>$^{1}/_{4}$ Fladenbrot<br>15 g Butter |
| **PB** | $^{1}/_{6}$ Kopf Eissalat<br>1 Tomate<br>$^{1}/_{5}$ Gurke<br>1 EL Oliven<br>Zwiebelringe nach Geschmack<br>100 g Schafskäse<br>Essig, Öl, Salz, Pfeffer, Kräuter<br>$^{1}/_{5}$ Fladenbrot<br>10 g Butter |
| **PC** | $^{1}/_{6}$ Kopf Eissalat<br>1 Tomate<br>$^{1}/_{5}$ Gurke<br>1 EL Oliven<br>Zwiebelringe nach Geschmack<br>100 g Schafskäse<br>Essig, Öl, Salz, Pfeffer, Kräuter<br>$^{1}/_{6}$ Fladenbrot<br>5 g Butter |

### 4. Beispiele für Kaffeemahlzeiten

Brot, Butter, Belag

| | |
|---|---|
| **PA** | $1^1/_2$ Scheiben Brot, 10 g Butter<br>1 Scheibe Käse o. 1 Scheibe Wurst<br>1 TL Honig o. 1 TL Marmelade |
| **PB** | 1 Scheibe Brot, 5 g Butter<br>1 Scheibe Käse o. 1 Scheibe Wurst, oder:<br>1 TL Honig o. 1 TL Marmelade |
| **PC** | 1 Scheibe Brot, 5 g Butter<br>1 Scheibe Käse o. 1 Scheibe Wurst, oder:<br>1 TL Honig o. 1 TL Marmelade |

Brot kann durch Brötchen ersetzt werden:

| | |
|---|---|
| **PA** | 1 Brötchen |
| **PB** | $^1/_2$ Brötchen |
| **PC** | $^1/_2$ Brötchen |

Kuchen (Marmorkuchen, Nusskuchen, Apfelkuchen, Käsekuchen etc., es kann Schlagsahne dazugegeben werden.)

| | |
|---|---|
| **PA** | 50 g Kuchen (dickeres Stück)<br>(+ 3 TL Schlagsahne) |
| **PB** | 40 g Kuchen (normales Stück)<br>(+ 2 TL Schlagsahne) |
| **PC** | 30 g Kuchen (dünnes Stück)<br>(+ 1 TL Schlagsahne) |

Müsli

| | |
|---|---|
| **PA** | 2 EL Flocken (Hafer, Gerste, Roggen)<br>1 EL Nüsse o. Samen o. Kerne (Sonnenblumen, Kürbis, Cashew etc.)<br>2 EL Quark o. Joghurt<br>$^{1}/_{2}$ St. Obst<br>1 TL Honig<br>1 EL Sahne |
| **PB** | 2 EL Flocken<br>1 EL Nüsse o. Kerne<br>2 EL Quark o. Joghurt<br>$^{1}/_{2}$ St. Obst<br>1 TL Honig |
| **PC** | 1 EL Flocken<br>2 EL Quark o. Honig<br>$^{1}/_{2}$ St. Obst<br>1 TL Honig |

Butterbrezel

| | |
|---|---|
| **PA** | 1 $^{1}/_{2}$ Brezeln<br>10 g Butter |
| **PB** | 1 Brezel<br>5 g Butter |
| **PC** | 1 Brezel oder<br>$^{1}/_{2}$ Brezel + 5 g Butter |

Gebäckstücke (Apfeltasche, Nusshörnchen, Copenhagener, Schnecke etc.)

| | |
|---|---|
| **PA** | 1 Stück |
| **PB** | 1 Stück |
| **PC** | $^{1}/_{2}$ Stück |

Lebkuchen

| | |
|---|---|
| **PA** | 2 Stück |
| **PB** | 1 Stück |
| **PC** | 1 Stück |

Schokolade

| | |
|---|---|
| **PA** | 2 Reihen einer Tafel |
| **PB** | $1^1/_2$ Reihen einer Tafel |
| **PC** | 1 Reihe einer Tafel |

Kekse, Plätzchen

| | |
|---|---|
| **PA** | 7 Stück |
| **PB** | 5 Stück |
| **PC** | 4 Stück |

Eis

| | |
|---|---|
| **PA** | 4 Kugeln + 1 Waffel |
| **PB** | 3 Kugeln + 1 Waffel |
| **PC** | 2 Kugeln + 1 Waffel |

Croissants

| | |
|---|---|
| **PA** | $1^1/_2$ Stück + 1 TL Marmelade |
| **PB** | 1 Stück + 1 TL Marmelade |
| **PC** | 1 Stück, oder<br>$^1/_2$ Stück + 1 TL Marmelade |

### 5. Abendessenbeispiele

Brote mit Belag, Salat, Apfelschorle

| | |
|---|---|
| **PA** | 2 1/2 Scheiben Vollkornbrot<br>3 TL Butter<br>2 1/2 Scheiben Schinken oder Käse<br>1 Schälchen Salat mit 1 TL Öl<br>1 Glas Apfelsaftschorle |
| **PB** | 2 Scheiben Vollkornbrot<br>2 TL Butter<br>2 Scheiben Schinken oder Käse<br>1 Schälchen Salat mit 1 TL Öl<br>1 Glas Apfelsaftschorle |
| **PC** | 1 1/2 Scheiben Vollkornbrot<br>1 TL Butter<br>1 Scheibe Schinken oder Käse<br>1 Schälchen Salat mit 1 TL Öl<br>1 Glas Apfelsaftschorle |

Butterbrot, Hüttenkäse, Banane

| | |
|---|---|
| **PA** | 2 Scheiben Vollkornbrot<br>3 TL Butter<br>1 Banane<br>1 Becher Hüttenkäse |
| **PB** | 1 1/2 Scheiben Vollkornbrot<br>2 TL Butter<br>1 Banane<br>1 Becher Hüttenkäse |
| **PC** | 1 Scheibe Vollkornbrot<br>1 TL Butter<br>1 Banane<br>1 Becher Hüttenkäse |

Butterbrezel und Salat

| | |
|---|---|
| **PA** | 2 Brezeln<br>3 TL Butter<br>1 Schälchen Salat mit 1 TL Öl |
| **PB** | $1\frac{1}{2}$ Brezeln<br>2 TL Butter<br>1 Schälchen Salat mit 1 TL Öl |
| **PC** | 1 Brezel<br>1 TL Butter<br>1 Schälchen Salat mit 1 TL Öl |

Müsli

| | |
|---|---|
| **PA** | 6 EL Flocken<br>2 EL Nüsse<br>$1\frac{1}{2}$ TL Honig<br>$\frac{1}{2}$ Stück Obst<br>300 g Joghurt |
| **PB** | 4 EL Flocken<br>1 EL Nüsse<br>1 TL Honig<br>$\frac{1}{2}$ Stück Obst<br>250 g Joghurt |
| **PC** | 2 EL Flocken<br>1 EL Nüsse<br>$\frac{1}{2}$ TL Honig<br>$\frac{1}{2}$ Stück Obst<br>150 g Joghurt |

Kartoffeln, Gemüsequark

| | |
|---|---|
| **PA** | 250 g Kartoffeln<br>250 g Quark 20%<br>150 g rohes Gemüse<br>1 TL Öl |
| **PB** | 200 g Kartoffeln<br>200 g Quark, 20%<br>150 g rohes Gemüse<br>1 TL Öl |
| **PC** | 150 g Kartoffeln<br>150 g Quark, 20%<br>150 g rohes Gemüse<br>1 TL Öl |

Hühnchenbrust, Reis, Gemüse, Salat

| | |
|---|---|
| **PA** | 8 EL Reis, roh<br>100 g Hühnchenbrust<br>3 TL Butter<br>150 g rohes Gemüse<br>1 Schälchen Salat mit 1 TL Öl |
| **PB** | 6 EL Reis, roh<br>100 g Hühnchenbrust<br>2 TL Butter<br>150 g rohes Gemüse<br>1 Schälchen Salat mit 1 TL Öl |
| **PC** | 4 EL Reis, roh<br>100 g Hühnchenbrust<br>1 TL Butter<br>150 g rohes Gemüse<br>1 Schälchen Salat mit 1 TL Öl |

Suppe, Salat

| | |
|---|---|
| **PA** | 1 Teller Suppe<br>$1^{1}/_{2}$ Brötchen<br>15 g Butter<br>1 Schälchen Salat mit 1TL Öl |
| **PB** | 1 Teller Suppe<br>1 Brötchen<br>10 g Butter<br>1 Schälchen Salat mit 1 TL Öl |
| **PC** | 1 Teller Suppe<br>$^{1}/_{2}$ Brötchen<br>5 g Butter<br>1 Schälchen Salat mit 1 TL Öl |

Tomaten mit Mozzarella

| | |
|---|---|
| **PA** | 4 Scheiben Mozzarella<br>4 Scheiben Tomaten<br>2 Scheiben Brot<br>15 g Butter<br>1 Schälchen Salat mit 1 TL Öl |
| **PB** | 4 Scheiben Mozzarella<br>4 Scheiben Tomate<br>$1^{1}/_{2}$ Scheiben Brot<br>10 g Butter<br>1 Schälchen Salat mit 1 TL Öl |
| **PC** | 3 Scheiben Mozzarella<br>3 Scheiben Tomate<br>1 Scheibe Brot<br>5 g Butter<br>1 Schälchen Salat mit 1 TL Öl |

Griechischer Salat

| | |
|---|---|
| **PA** | $^{1}/_{6}$ Kopf Eissalat<br>1 Tomate<br>$^{1}/_{5}$ Gurke<br>1 EL Oliven<br>Zwiebelringe nach Geschmack<br>100 g Schafskäse<br>Essig, Öl, Salz, Pfeffer, Kräuter<br>$^{1}/_{4}$ Fladenbrot<br>15 g Butter |
| **PB** | $^{1}/_{6}$ Kopf Eissalat<br>1 Tomate<br>$^{1}/_{5}$ Gurke<br>1 EL Oliven<br>Zwiebelringe nach Geschmack<br>100 g Schafskäse<br>Essig, Öl, Salz, Pfeffer, Kräuter<br>$^{1}/_{5}$ Fladenbrot<br>10 g Butter |
| **PC** | $^{1}/_{6}$ Kopf Eissalat<br>1 Tomate<br>$^{1}/_{5}$ Gurke<br>1 EL Oliven<br>Zwiebelringe nach Geschmack<br>100 g Schafskäse<br>Essig, Öl, Salz, Pfeffer, Kräuter<br>$^{1}/_{6}$ Fladenbrot<br>5 g Butter |

Salat mit Putenbrust

| | |
|---|---|
| **PA** | 100 g Blattsalat<br>100 g Putenbrust<br>Essig, Öl, Salz, Pfeffer, Kräuter<br>$1^1/_2$ Scheiben Brot<br>10 g Butter |
| **PB** | 100 g Blattsalat<br>100 g Putenbrust<br>Essig, Öl, Salz, Pfeffer, Kräuter<br>2 Scheiben Brot<br>15 g Butter |
| **PC** | 100 g Blattsalat<br>100 g Putenbrust<br>Essig, Öl, Salz, Pfeffer, Kräuter<br>1 Scheibe Brot<br>5 g Butter |

## 6. Beispiele für Schnell- und Fertiggerichte

Wiener Würstchen, Brötchen

| | |
|---|---|
| **PA** | 1 Paar Würstchen<br>$1^1/_2$ Brötchen oder 200 g Kartoffelsalat<br>1 EL Senf oder Ketchup |
| **PB** | 1 Paar Würstchen<br>1 Brötchen oder 150 g Kartoffelsalat<br>1 EL Senf oder Ketchup |
| **PC** | 1 Würstchen<br>1 Brötchen oder 120 g Kartoffelsalat<br>1 EL Senf oder Ketchup |

Überbackenes Baguette und Salat

| | |
|---|---|
| **PA** | 1 1/3 überbackenes Bistro-Baguette (TK)<br>1 Schälchen Salat mit 1 TL Öl |
| **PB** | 1 überbackenes Bistro-Baguette (TK)<br>1 Schälchen Salat mit 1 TL Öl |
| **PC** | 2/3 überbackenes Bistro-Baguette (TK)<br>1 Schälchen Salat mit 1 TL Öl |

Pizza

| | |
|---|---|
| **PA** | 3/4 mittelgroße Pizza |
| **PB** | 1/2 mittelgroße Pizza |
| **PC** | 1/3 mittelgroße Pizza |

Frühlingsrollen, Salat

| | |
|---|---|
| **PA** | 2 Frühlingsrollen<br>1 Schälchen Salat mit 1 TL Öl |
| **PB** | 1 1/2 Frühlingsrollen<br>1 Schälchen Salat mit 1 TL Öl |
| **PC** | 1 Frühlingsrolle<br>1 Schälchen Salat mit 1 TL Öl |

Ravioli

| | |
|---|---|
| **PA** | 1/2 Dose |
| **PB** | 1/3 Dose |
| **PC** | 1/4 Dose<br>1 Schälchen Salat mit 1 TL Öl |

Fastfood: Döner-Kebap

| | |
|---|---|
| **PA** | 1 Döner-Kebap |
| **PB** | 1 Döner-Kebap |
| **PC** | $^3/_4$ Döner-Kebap |

Fastfood: Hamburger etc.

| | |
|---|---|
| **PA** | 1 Hamburger od. Cheeseburger<br>1 kleine Portion Pommes frites<br>1 Cola oder Limonade |
| **PB** | 1 Hamburger Royal od. Big Mäc o. Ä.<br>1 Cola oder Limonade |
| **PC** | 1 Hamburger od. Cheeseburger<br>1 kleine Cola oder Limonade |

## Desserts:

Obst
für Portionen A, B und C gleich
120–150 g Obst entspricht etwa 1 Stück Apfel, Birne, Apfelsine, größere Kiwi, 3 bis 4 Pflaumen, 2 bis 3 Aprikosen – sonstiges Obst abwiegen (Erdbeeren, Trauben etc.)

Fertigdesserts
für Portionen A, B und C gleich
Fruchtjoghurt (1 Becher = 150 g), Obstgarten (1 Becher = 125 g), Dany Sahne (1 Becher = 150 g)

Pudding (Zubereitung nach Anleitung auf der Packung)

| | |
|---|---|
| **PA** | 200 g Puddingpulver |
| **PB** | 150 g Puddingpulver |
| **PC** | 100 g Puddingpulver |

Milchshake

| | |
|---|---|
| **PA** | 150 ml Milch (3,5%)<br>50–100 g Obst (Banane, Beeren)<br>evtl. 1 TL Honig |
| **PB** | 150 ml Milch (3,5%)<br>50–100 g Obst (Banane, Beeren)<br>evtl. 1 TL Honig |
| **PC** | 100 ml Milch (3,5%)<br>50–100 g Obst (Banane, Beeren)<br>evtl. 1 TL Honig |

Bananenquark

| | |
|---|---|
| **PA** | 200 g Quark (mind. 20%)<br>$^{1}/_{4}$ Banane<br>1 TL Honig |
| **PB** | 150 g Quark (mind. 20%)<br>$^{1}/_{4}$ Banane<br>1 TL Honig |
| **PC** | 100 g Quark (mind. 20%)<br>$^{1}/_{4}$ Banane<br>1 TL Honig |

## 7. Beispiele für Spätmahlzeiten (Gute-Nacht-Snacks)

Joghurt mit Honig

| | |
|---|---|
| **PA** | 200 g Joghurt<br>1 TL Honig |
| **PB** | 150 g Joghurt<br>1 TL Honig |
| **PC** | 100 g Joghurt<br>1 TL Honig |

Doppelkekse

| | |
|---|---|
| **PA** | 2 Doppelkekse |
| **PB** | 1 1/2 Doppelkekse |
| **PC** | 1 Doppelkeks |

Milcheis

| | |
|---|---|
| **PA** | 3 Kugeln |
| **PB** | 2 Kugeln |
| **PC** | 1 Kugel |

Obst

| | |
|---|---|
| **PA** | 1 Stück, groß |
| **PB** | 1 Stück, groß |
| **PC** | 1 Stück, groß |

Kakao

| | |
|---|---|
| **PA** | 1 Glas Milch<br>2 TL Kakao |
| **PB** | 1 Glas Milch<br>1 TL Kakao |
| **PC** | 1 Glas Milch<br>1 TL Kakao |

Joghurt mit Obst und Honig

| | |
|---|---|
| **PA** | $^{1}/_{2}$ Stück Obst od. 1 EL Himbeeren (frisch oder TK)<br>150 g Joghurt<br>1 TL Honig |
| **PB** | $^{1}/_{2}$ Stück Obst od. 1 EL Himbeeren (frisch oder TK)<br>125 g Joghurt<br>1 TL Honig |
| **PC** | $^{1}/_{2}$ Stück Obst od. 1 EL Himbeeren (frisch oder TK)<br>100 g Joghurt<br>1 TL Honig |

Cornflakes mit Milch

| | |
|---|---|
| **PA** | 16 EL Cornflakes<br>$1^{1}/_{2}$ Glas Milch |
| **PB** | 14 EL Cornflakes<br>1 Glas Milch |
| **PC** | 11 EL Cornflakes<br>1 Glas Milch |

Schinkenbrot

| | |
|---|---|
| **PA** | $1^1/_2$ Scheiben Vollkornbrot<br>1 TL Butter<br>$1^1/_2$ Scheiben Schinken |
| **PB** | 1 Scheibe Vollkornbrot<br>1 TL Butter<br>1 Scheibe Schinken |
| **PC** | $^1/_2$ Scheibe Vollkornbrot<br>1 TL Butter<br>1 Scheibe Schinken |

Joghurt etc.

| | |
|---|---|
| **PA** | 1 Becher (Fruchtjoghurt oder Dany+Sahne oder Obstgarten oder Müller Milchreis oder Knusperjoghurt) |
| **PB** | 1 Becher (w.o.) |
| **PC** | 1 Becher (w.o.) |

Nüsse etc.

| | |
|---|---|
| **PA** | 4 EL (Nüsse oder Studentenfutter oder Trockenobst) |
| **PB** | 3 EL (w.o.) |
| **PC** | 2 EL (w.o.) |

Gummibärchen etc.

| | |
|---|---|
| **PA** | 2 Hände voll (Gummibärchen oder Smarties oder Chips) |
| **PB** | 1 Hand voll (w.o.) |
| **PC** | 1 Hand voll (w.o.) |

Popcorn

| | |
|---|---|
| **PA** | 1 große Tüte |
| **PB** | 1 mittlere Tüte |
| **PC** | 1 kleine Tüte |

Rezepte

## 1. Zubereitung der Grundnahrungsmittel

| | |
|---|---|
| **Reis** | Reis in Öl kurz anbraten, mit der doppelten Menge Wasser aufgießen, einmal kurz aufkochen, abgedeckt bei niedriger Hitze fertig quellen lassen, bis alle Flüssigkeit aufgenommen ist.<br>Reis kann auch in kochendem Wasser gegart werden. Dazu den Reis in die dreifache Menge kochendes Salzwasser geben, ca. 20 Minuten kochen lassen. |
| **Nudeln** | In reichlich kochendem Salzwasser ca. 8 bis 10 Minuten bissfest kochen. |
| **Kartoffeln** | Pellkartoffeln: Kartoffeln mit Schale waschen, in genügend kaltes Wasser geben, zum Kochen bringen und ca. 40 Minuten weiterkochen lassen.<br>Salzkartoffeln: Kartoffeln schälen und vierteln. In kochendes Salzwasser geben und ca. 20 Minuten garen. |
| **Gemüse** | Gemüse putzen, eventuell schälen, je nach Sorte zerkleinern. Gemüsestücke in Öl andünsten und mit wenig Flüssigkeit angießen. Zugedeckt je nach Sorte bissfest garen.<br>Einige Gemüsesorten (z.B. Blumenkohl, Broccoli) in kochendem Salzwasser garen. |

**Fleisch** Fleisch eventuell waschen, trocken tupfen, mit Pfeffer und weiteren Gewürzen nach Geschmack bestreuen. In Öl von beiden Seiten anbraten. Weiterbraten, bis das Stück fertig gebraten ist. Anschließend salzen.

**Fisch** Fischfilet waschen, trocken tupfen, mit Zitronensaft säuern. Mit Salz, Pfeffer und Gewürzen nach Geschmack bestreuen. In Öl von beiden Seiten ca. 3 Minuten anbraten.
Fischfilet kann auch in einem Sud aus Wasser, Essig, Wurzelgemüse, Lorbeer und Wachholder zubereitet werden. Dazu den Sud vorkochen und den Fisch darin für 10 Minuten ziehen lassen.

## 2. Rezepte zu den Essensplänen

Alle Rezepte sind, soweit nicht anders erwähnt, für 4 Personen berechnet.

**Salatsauce**

4 EL Essig
2 EL Öl
2 EL Wasser
1 Prise Salz
1 Prise Pfeffer
1 Prise Zucker
frische Kräuter

Alle Zutaten gut vermischen.

**Grundsauce**

40 gr Butter
40 gr Mehl
400 ml Flüssigkeit (halb Milch, halb Wasser)
Pfeffer
Salz
Brühpulver

Butter schmelzen. Mehl esslöffelweise mit einem Schneebesen einrühren, bis ein heller Schaum entsteht. Flüssigkeit zugießen und weiterrühren, bis eine glatte Sauce entsteht.
Gewürze dazugeben und mit Curry, Meerrettich, Senf oder Kräutern abschmecken, je nachdem, welche Sauce hergestellt werden soll.

**Tomatensauce**

1 große Zwiebel
1 EL Öl
8–10 Tomaten (oder 1 Dose à 400 gr)
Salz
Pfeffer
Zucker
Basilikum
Oregano
Rosmarin

Zwiebel und Tomaten würfeln, in Öl andünsten und Tomatenstücke zugeben. Ca. 10 Minuten köcheln lassen, mit einem Pürierstab pürieren und mit den angegebenen Gewürzen abschmecken. Evtl. noch etwas Flüssigkeit (Brühe und Sahne) zugeben.

**Gemüsesuppe**

500 gr Gemüse nach Wahl
$^{1}/_{2}$ l Wasser
2 EL Gemüsebrühe
Salz
Pfeffer
frische Kräuter
Sahne

Gemüse putzen und zerkleinern, im Wasser weich kochen und mit einem Pürierstab pürieren. Die Gewürze zugeben und mit etwas Sahne abschmecken.

**Gemüsequark**
(zu Kartoffeln)

500 gr Quark, 20% Fett
Milch
Salz
Pfeffer
Schnittlauch
200 gr Gemüse (Paprika, Gurke, Karotte)

Quark mit Milch und Gewürzen cremig rühren, Gemüsewürfel unterheben.

**Pudding**

353 gr Puddingpulver
35 gr Zucker
$^{1}/_{2}$ l Milch

Puddingpulver und Zucker mischen, etwas Milch vom halben Liter abnehmen und zusammen glatt rühren. Restliche Milch erhitzen und das angerührte Pulver unter ständigem Rühren in die kochende Milch geben und kurz aufkochen lassen. Warmen Pudding in Schälchen füllen.

**Obstsalat**

600 gr geputztes Obst
2 TL Honig
1 EL Orangensaft

Obst klein schneiden und mit den anderen Zutaten vermengen.

**Obstquark**

400 gr Quark oder Joghurt
200 gr Obst (Äpfel, Bananen, Erdbeeren ...)
2 TL Honig
Milch

Obst klein schneiden, Quark mit etwas Milch glatt rühren, mit Honig süßen. Obst unterheben. Frische Kiwis oder Ananas machen den Quark bitter und sind hierfür ungeeignet!

**Griesbrei**

600 ml Milch
60 gr Gries
1 EL Zucker
10 gr Butter

Milch und Butter erhitzen. Zucker und Gries einrühren und unter Rühren weiterkochen, bis ein Brei entsteht.

**Reisbrei**

600 ml Milch
80 gr Milchreis
1 EL Zucker
10 gr Butter

Milch, Butter, Zucker und Reis in einen Topf geben. Unter Rühren aufkochen lassen. zugedeckt auf Stufe 1 (Elektroherd) fertig garen lassen.

**Marmorkuchen**

100 gr Butter
200 gr Zucker
2 Eier
Zitronenschale
200 gr Mehl
100 gr Stärkemehl
$^{1}/_{4}$ Päckchen Backpulver
$^{1}/_{8}$ l Milch
40 gr Kakao
40 gr Zucker

Butter, Zucker und Eier schaumig rühren. Mehl, Stärkemehl und Backpulver mischen. Mehl, Zitronenaroma und Milch in die schaumige Butter-Eier-Masse einrühren. Die Hälfte des Teiges in eine gefettete Kastenform geben, den Rest des Teiges mit Kakao und Zucker einfärben und evtl. noch einmal etwas Milch unterrühren. Der Teig muss schwer reißend vom Löffel fallen. Den dunklen Teig ebenfalls in die Kastenform geben und mit einer Gabel mit dem weißen Teig vermischen.
Bei Mittelhitze (180°C) ca. 60 Minuten backen.

**Nusskuchen**

200 gr Butter
200 gr Zucker
1 Päckchen Vanillezucker
5 Eier
200 gr geriebene Haselnüsse
150 gr Mehl
$^{1}/_{2}$ Päckchen Backpulver

Butter, Zucker und Eier schaumig rühren, Mehl und Backpulver mischen. Die gemahlenen Nüsse und das Mehl in die schaumige Butter-Eier-Masse rühren und in eine gefettete Kastenform geben.
Bei Mittelhitze (180°C) ca. 60 Minuten backen.

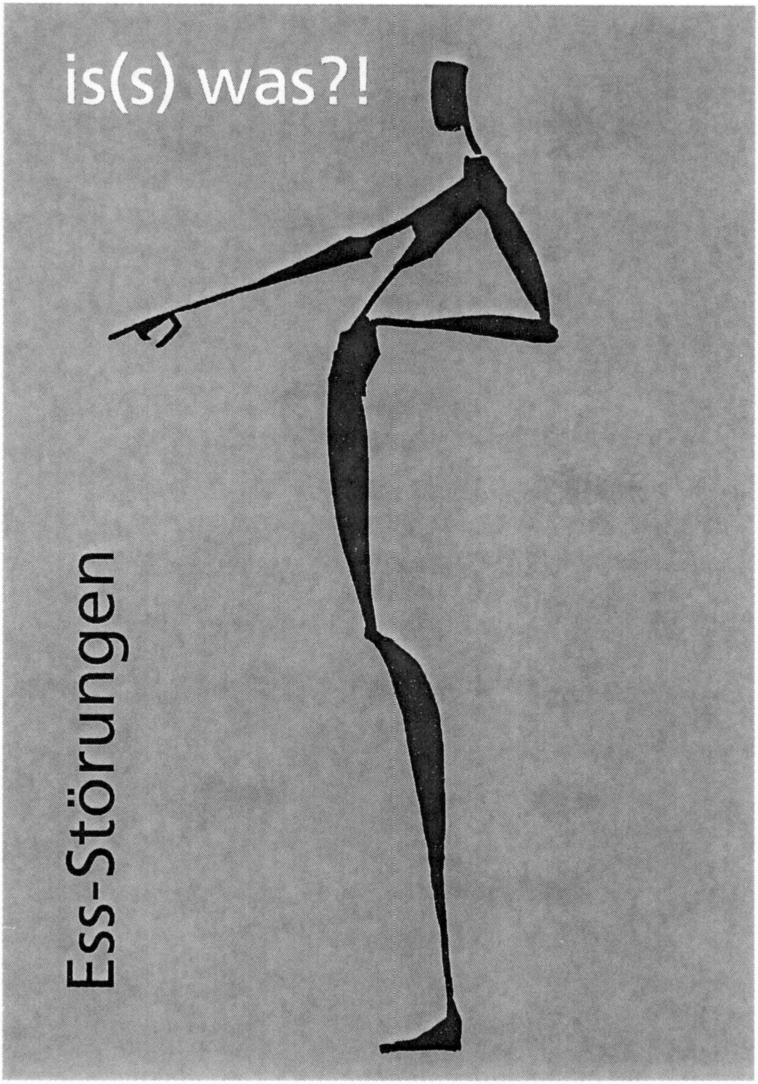


Die folgenden Abbildungen sind der Wanderausstellung zum Thema Ess-Störungen unter dem Titel »Is(s) was?!« entnommen. Sie wurden von Patientinnen während ihrer Behandlung im TCE gestaltet und vermitteln einen Eindruck davon, was es heißt, an einer Ess-Störung zu leiden.

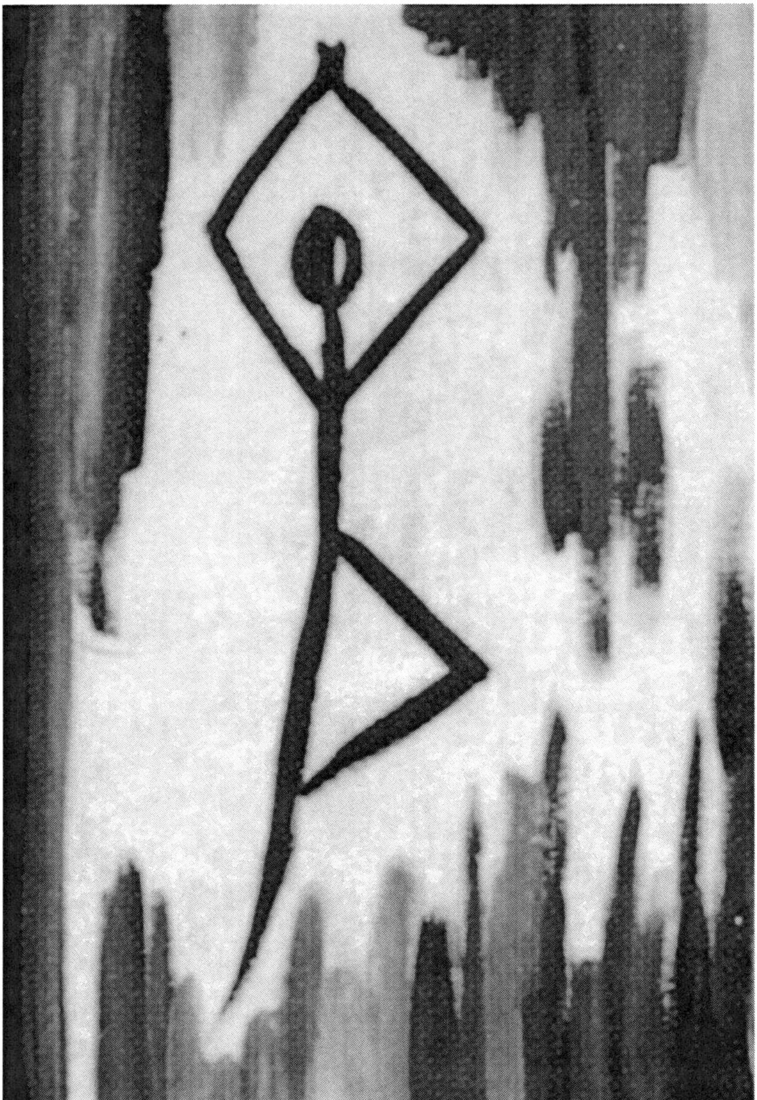